SE CI CREDI PUOI

AURORA BARUTO

SE CI CREDI PUOI

MONDADORI

L'anno peggiore della mia vita

Ci sono tanti modi in cui questa storia potrebbe cominciare. Dall'inizio, per esempio. Dai miei ricordi d'infanzia, dai giorni spensierati di bambina, o dalla prima volta in cui ho deciso di postare qualcosa sui social.

So che molte di voi si aspettano questo, e ci arriveremo, ve lo assicuro.

Ma per essere totalmente onesta, con me e con voi, devo iniziare in un altro modo.

Devo cominciare questa storia raccontandovi l'anno peggiore della mia vita: il 2017.

Non so spiegarvi perché, ma sento l'esigenza di mettere nero su bianco cose che normalmente fatico a dire ad alta voce. Il punto è che, se non le scrivessi qui, starei nascondendo una parte della verità. Una parte della mia vita. E a me l'onestà è sempre piaciuta.

Quando per la prima volta mi sono fermata a riflettere su questo libro, mi sono detta: "Bene, Aurora, ora cerca di pensare alla cosa più grande, assurda e importante che ti sia mai capitata, nel bene o nel male".

Subito gli occhi mi si sono fatti lucidi, a stento ho trattenuto le lacrime. È stato più forte di me, non ho potuto farci nulla, non si possono controllare i pensieri e tantomeno le emozioni...

Allora le mie dita hanno cominciato a digitare sulla tastiera. In quel preciso momento, davanti alla pagina bianca sullo schermo del computer ho scoperto che scrivere è più facile che parlare, e che certe cose diventano più leggere se messe su carta. Quando scrivi non devi guardare negli occhi le persone, ma ti rivolgi direttamente ai loro cuori. È tutto più semplice, come correre per una strada in discesa.

Ho cominciato a raccontare la mia storia, e più riempivo le pagine, più mi sentivo leggera. Sono riuscita a tirare fuori anche quello che per troppo tempo mi aveva fatto piangere. Quello che non avevo mai detto prima, di cui mai ho parlato.

Non solo.

Ho deciso di partire proprio da *quello*, dalla causa delle mie lacrime. Dall'evento che ha fatto irruzione nella mia vita come un meteorite che viaggia alla velocità della luce verso il pianeta Terra. Un incubo – perché di questo si tratta – che ha trasformato il 2017 nell'anno peggiore di sempre.

E se ve lo racconto è perché quel che è successo mi ha insegnato una lezione molto importante: è nelle difficoltà che capisci davvero quanto sei forte. Ed è nelle salite più dure che scopri chi davvero vuole stare al tuo fianco e lottare con te.

Quindi, questa è la mia storia, quella del mio anno terribile, di tutte le grandi scelte che mi hanno portata a essere quella che sono oggi, delle incredibili persone che mi sono state vicine in quei momenti in cui mi veniva da dire: "Basta, non ce la faccio più". Ora che ci penso, realizzo che sono quasi tutte donne. Quindi questa è anche la storia delle ragazze fantastiche che hanno fatto parte della mia vita.

E allora cominciamo da quel 2017. Più precisamente dal giorno in cui la porta si è aperta e mia madre è comparsa davanti a me, in lacrime.

01
Quello che mai avresti voluto sentirti dire

(E un messaggio importante per tutte voi che leggete)

La mamma. Le lacrime le scendono per le guance e ha l'aria sconvolta. Ho dovuto passarmi le mani sugli occhi perché in un primo istante ho pensato: "No, fermi tutti, devo aver visto male". Invece no, era proprio lì, davanti a me. Piangeva. L'ho guardata ed è stato come se mi si fermasse il cuore, di colpo. In un attimo ho capito tutto, pur non sapendo niente.

Perché la porta da cui usciva era quella del

dottore che l'aveva appena visitata, mentre io sedevo sulla panca metallica subito fuori dallo studio medico. Era entrata poco prima per mostragli i risultati della mammografia, un esame di routine che le donne fanno dopo una certa età per controllare il seno. Uno di quegli esami di prevenzione, che fai anche se stai benissimo e ti sembra di non avere nulla. Io l'avevo accompagnata ed ero rimasta seduta in sala d'attesa, con il cellulare in mano. Ero impegnata a scrivere alla mia amica Elena; che potessero arrivare brutte notizie non mi era proprio passato per la mente. Mi sbagliavo.

Le brutte notizie non vengono annunciate da qualcosa, purtroppo. Non ti mandano un segno, per permetterti di prepararti. Nulla di tutto ciò.

E così, è arrivata la malattia: improvvisa e inaspettata.

Il referto di mia mamma non era come tutti speravamo e credevamo. C'era qualcosa che non convinceva i medici, qualcosa di brutto. Io ho stretto forte i pugni e ho detto: «Spiegatemi cosa succede». Così il medico e la mamma mi hanno risposto che bisognava approfondire, fare altri esami. Io ascoltavo con attenzione, annuendo e facendo anche qualche domanda. Sembravo quasi tranquilla, ma dentro mi sentivo tremare. “Non è possibile” continuavo a ripetermi nella testa. Invece stava succedendo davvero.

E così, è iniziato tutto.

Mamma ha fatto un’ecografia, un esame che serve per vedere l’interno del seno, e i dottori hanno confermato la prima impressione. Allora è tornata in ospedale, per affrontare un piccolo intervento: bisognava prelevare un minuscolo campione del nodulino sospetto, per poterlo analizzare e capire quanto fosse pericoloso. Non è una cosa gradevole: i medici usano un grosso ago che, a vederlo, fa abbastanza impressione. Lei però ha dimostrato di avere una dose extra di coraggio. Quando le ho chiesto se fosse spaventata, mi ha risposto sorridendo: «Pochissimo». Forse lo ha detto per tranquillizzarmi, ma così credo abbia finito per sentirsi tranquilla anche lei.

Il momento dopo è stato peggio, comunque.

Quando è arrivato il risultato non c’è stato più modo di illudersi che forse non era nulla di grave. «Cancro»: mamma ha pronunciato per la prima volta quella parola a voce alta.

«Ho un tumore» mi ha spiegato.

Io ho capito che cercava di essere forte, di far

sembrare che tutto fosse sotto controllo, ma che in verità non era così. Mamma aveva paura, e io ho cominciato a sentirmi terrorizzata.

La paura è qualcosa che ti spunta dentro senza che tu lo voglia e cresce zittendo ogni altro pensiero e ogni altra emozione, e tu non puoi farci nulla. Cambia il modo in cui guardi le cose, e tutte le altre faccende di ogni giorno sembrano all'improvviso meno importanti.

Mia mamma aveva un tumore. Ho dovuto ripetermelo forse mille volte, per abituarmi all'idea.

L'ho presa male, ovviamente. Se ci ripenso ho l'impressione di aver pianto per giorni interi, di non aver fatto altro. Ovviamente non è possibile, eppure è quello che mi è rimasto in testa. Piangevo, e tutto il resto era scomparso. È come se per settimane io non avessi mangiato, dormito, non fossi andata a scuola né avessi visto le amiche. Non è stato così, naturalmente, eppure i miei ricordi sono questi.

Quando ti capita una cosa del genere e qualcuno che ami si ammala, una parte di te si aggrappa alla speranza. "Andrà tutto bene" ti ripeti, anche se sei la prima a non crederci del tutto. O meglio, ci credi, ma poi senti che è meglio anche cominciare a prepararsi al peggio, perché devi essere pronta. Come se stessi correndo a velocità verso un muro: sai che forse ti schianterai, non vuoi vedere ma non riesci neppure a chiudere gli occhi…

Ti senti in bilico tra la disperazione e il "voglio continuare a essere ottimista", che è una cosa che ti prosciuga le energie, alla lunga.

Comunque, io ho scelto di sapere tutto. «Ditemi le cose come stanno» ho chiesto ai miei genitori. Non volevo avere brutte sorprese, meglio venire a patti con la realtà poco alla volta.

Così ho scoperto che non solo mamma aveva un tumore, ma era anche grave. Terzo stadio, si dice. L'unica fortuna è che lo avevamo preso in tempo e che mamma poteva cominciare le cure subito. Questo è molto importante, in caso di tumore, e aumenta davvero le possibilità di guarigione. Almeno su quel fronte, quindi, potevamo dire che ci era andata bene. Quando l'ho scoperto, ho tirato un sospiro di sollievo (ma non troppo forte, per scaramanzia).

«Mi operano presto» ha detto mamma dopo aver incontrato il medico, con tutti gli esami nella cartellina, che intanto si faceva sempre più spessa. I dottori erano stati categorici, il tumore andava asportato il prima possibile. Hanno fissato la data, a qualche settimana dalla prima diagnosi. Non abbiamo avuto molto tempo per disperarci, è stato tutto rapido.

I miei ricordi di quel periodo sono abbastanza confusi, lo ammetto. Avevo troppe emozioni dentro, mi sembrava di vivere sospesa…

Quando il fatidico giorno è arrivato avevamo paura, tutti. Persino papà era evidentemente nervoso. Teso come mai lo avevo visto prima, lui che di solito tiene i nervi saldi. Ha accompagnato mamma in ospedale ed è rimasto lì, tutto il tempo. Io non sono andata con loro, mamma non ha voluto. «Meglio di no» ha detto. È stato papà a chiamarmi, dopo qualche ora, per dirmi che tutto era andato per il meglio. I medici lo avevano rassicurato. Ho provato un sollievo enorme, avrei voluto spalancare la finestra e urlare. Almeno quello, l'intervento, ce l'eravamo lasciati alle spalle… nella lista delle cose da fare per guarire, potevamo tirare una riga sulla prima voce. Quella notte ho dormito profondamente, fino alla mattina, dopo tanti giorni.

Il pomeriggio dopo, un'altra porta si è aperta: era quella di casa di nonna, dove stavo aspettando mamma. Ero a tavola e stavamo pranzando, quando è tornata dall'ospedale. Stava bene, non aveva particolari dolori, doveva solo fare attenzione a non muovere il braccio e aspettare che la ferita guarisse per bene. Riabbracciarla è stato uno dei momenti più emozionanti che io ricordi.

Purtroppo non era ancora finita, l'operazione era solo una tappa nel percorso che avevamo intrapreso. Poi è arrivata la chemioterapia, che mamma ha dovuto affrontare per mesi. Una volta l'ho accompagnata in ospedale, e posso affermare che si tratta di un'esperienza che ti segna. Non avevo idea di cosa si trattasse, prima, quindi sono entrata nel reparto un po' titubante e intimidita. Be', la cura che doveva fare prevedeva che le facessero scorrere in vena medicine capaci di fermare le cellule del tumore. Sono sostanze potenti che salvano la vita, ma con effetti collaterali importanti. Mamma ha sopportato tutto con coraggio, tornando con regolarità in ospedale. C'era però una conseguenza delle cure che proprio la spaventava. Era la perdita dei capelli...

Già, l'idea di perdere i suoi bei capelli la agitava tantissimo. Dopo l'operazione, quando aveva scoperto che la chemio sarebbe stata necessaria, non smetteva di pensarci. Li ha sempre avuti lunghi, bellissimi, ed era angosciata all'idea di restare senza. Lo so che può suonare un po' strano, perché, tra l'operazione e i numerosi effetti collaterali delle cure, i capelli in fondo potrebbero sembrare solo un dettaglio, ma non si può giudicare chi sta vivendo quell'esperienza. Perdere i capelli significa che chiunque, con un semplice sguardo, capisce quel che ti sta accadendo, e tu non puoi nemmeno per un attimo dimenticare la malattia. E vi assicuro che vivere qualche momento "normale" è la cosa più preziosa che ti possa capitare...

Mamma non voleva restare pelata e ne ha parlato con il suo dottore. Lui ha detto che c'era una possibilità per evitarlo, e questo le ha dato tantissima forza. A Padova era in uso una tecnologia nuova e ai pazienti in cura con la chemio veniva fatto indossare un casco speciale. Mamma ha deciso di tentare quella strada e... ha funzionato: qualche capello è caduto, ma almeno non è rimasta calva!

Quando vivi esperienze così dure,
ogni successo diventa importantissimo.
Anche se riguarda i capelli.

È stato un percorso lungo e difficile, durato ben più di un anno. Dopo l'operazione e la chemio sono continuate le visite di controllo.

Anche quando un medico ti dice che è finita, impieghi un bel po' a crederci davvero. L'annuncio della malattia dura un attimo, ma abituarsi al fatto che è passata richiede molto, molto più tempo. Qualcosa ti si rompe dentro, e forse non va più a posto. Per me è stato così: ormai sono passati cinque anni, ma se ci penso piango ancora. Come è accaduto davanti alla pagina vuota del computer, mentre ragionavo sulla "cosa più grande che mi sia mai successa".

Forse piangerò sempre, per tutta la vita, ogni volta che ripenserò alla paura provata, e va bene così. E il ricordo di mamma che esce dallo studio del medico in lacrime resterà inciso nella mia mente. Se chiudo gli occhi è ancora lì, indelebile. Non mi sono mai sentita così piccola e impotente, del tutto bloccata davanti a una tragedia troppo grande. Se ci rifletto ora, credo anche di aver capito cosa ci fosse di tanto sconvolgente: mamma ha cercato di proteggermi, sempre, e per la prima volta era lei ad aver bisogno di essere protetta da un pericolo enorme e sconosciuto. Quindi capirete perché per me il 2017 è stato l'anno più terribile che si possa immaginare. Alla fine, però, mi ha anche insegnato tanto.

Se vi ho raccontato questa storia – per la prima volta, perché non ne avevo mai parlato, anche se sui social ho mostrato tanto di me e della mia vita – c'è un motivo ben preciso, che non ha solo a che fare con l'onestà e con l'affetto che provo per le persone che mi seguono da sempre. Credo che sia stato un avvenimento che mi ha fatto crescere, trasformandomi in una ragazza un po' diversa rispetto a quella che ero prima.

Ci sono famiglie in cui i rapporti sono "freddi" – si parla, ma non ci si racconta proprio tutto – o ci sono figli che litigano spesso con i genitori: in questi casi la malattia permette di riscoprire quanto invece sia importante volersi bene, starsi vicino, capirsi. La paura di perdere qualcuno ti spinge a dare il giusto valore alla sua presenza. Capisci che, alla fine, nonostante le divergenze e le opinioni differenti, ogni incomprensione può essere superata. Comunque, non era il mio caso.

Io e mamma avevamo *già* un meraviglioso legame, e non avevo affatto bisogno della malattia per capire quanto lei fosse importante nella mia vita. Noi due abbiamo sempre avuto un ottimo rapporto. Bello come quello che potete vedere in un telefilm o leggere in un romanzo. Non dico che questo sia eccezionale, ma io a mamma non parlo e basta, le racconto *tutto*. Per me lei è anche un'amica, una confidente, un'alleata. Il tumore è stato solo la conferma di qualcosa che già sapevo: avevo bisogno di lei, di averla al mio fianco. Ma quello che mi ha insegnato è stato altro.

Ho capito, vedendo mamma, che non saprai mai quanto sei forte finché non ti ritrovi in battaglia contro qualcosa di assurdamente più potente di te. È solo allora che tiri fuori davvero tutto, anche risorse che non sapevi di avere.

È una lezione che voglio condividere con voi e che mi ricorderò per il resto della vita. Aggiungo anche che mi avrebbe aiutato in molte situazioni, se l'avessi imparata prima.

Concludo questo capitolo con una riflessione importante, una cosa a cui forse non avrei pensato se non mi fosse capitato quello che mi è capitato.

Mamma ha sempre fatto ogni visita di controllo, tutte quante, senza mai saltarne una. È stata lei a insistere per fare la mammografia, un esame che viene consigliato raggiunta una certa età, e secondo casi specifici. Per il suo medico non era strettamente necessaria, ma lei ci teneva a essere prudente. Se non si fosse impuntata, non avrebbe trovato il tumore per tempo, e chissà cosa sarebbe successo. Il mio consiglio, a tutte le ragazze, è questo: informatevi, chiedete al vostro medico, scoprite a che età è giusto cominciare a fare gli esami di routine, quelli che permettono di controllare che sia tutto okay. Sono visite che prendono poco tempo, non fanno male e possono fare davvero la differenza. Siamo giovani, e pensare alla malattia è strano, lo so. Ma mi piacerebbe che il racconto di quello che è accaduto a mia mamma possa essere d'aiuto per tutte voi.

Ecco, adesso conoscete quello che fino a oggi non avevo osato condividere con nessuno, il mio segreto. La cosa più triste che avevo da dire è stata messa su pagina. Ora posso dirvi tantissime altre cose…

02
La mia più grande fortuna

Nonostante tutto, sono una ragazza fortunata. Lo so che suona strano, dopo quello che vi ho appena raccontato, eppure è così.

È vero, ho vissuto un periodo terribile, ma ho una famiglia meravigliosa. E proprio dalla mia famiglia è arrivata la forza per superare quei mesi. In particolare da lei, mia madre.

Io e mamma siamo sempre state in sintonia, ma proprio tanto. È una donna super giovanile, in grado di capire ogni cosa che mi passa per la testa, non sto scherzando. Chiacchieriamo, spettegoliamo, conosce tutti i miei amici, sa praticamente ogni cosa che mi riguarda, da sempre.

Qualche anno fa mi è capitato che mi piacesse un ragazzo, ed ero in panico totale perché non sapevo come comportarmi. È stata una delle mie primissime cotte, quelle che arrivano e ti colgono completamente di sorpresa, lasciandoti con mille dubbi: che fare? Dichiararsi oppure restare indifferente? Scrivergli o chiedere a qualcuno di organizzare un'uscita insieme? Arrivi a un punto in cui non sai più davvero qual è la scelta giusta, e hai disperatamente bisogno di un buon consiglio. Ebbene, qualcuno di fidato io ce l'avevo. A mamma era bastato uno sguardo per capire che avevo qualcosa per la testa.

Una sua domanda mi ha fatto crollare: va bene, mi sono innamorata! Le ho raccontato tutto e insieme abbiamo scritto il primo messaggio a quel ragazzo... ora, quanti hanno una mamma che ti aiuta a mandare il primo DM al tipo che ti piace?

E non si tratta solo di ragazzi. Ha sempre avuto un grande intuito, in generale sulle persone. È capitato che mi suggerisse di non fare troppo affidamento su un'amica, perché il suo comportamento le sembrava strano. Ha sempre avuto ragione: le persone per cui mamma diceva “fai attenzione”, poi mi hanno delusa.

Sa darmi un sacco di ottimi consigli, senza mai diventare la mamma bacchettona che ti dice cosa fare e cosa invece è vietato, e riesce ogni volta a trovare il modo giusto per parlarmi. Questo non significa, però, che mi lasci totale libertà su tutto! Da me ci sono sempre state regole da rispettare… ma se ne discute insieme, io con i miei genitori, e loro mi fanno capire le ragioni che ci sono dietro, senza dovermi imporre nulla. Anche io mi sono sentita dire ogni tanto: «Questa sera è meglio se non esci». Se mamma reputava fosse la scelta giusta, era perché il giorno dopo mi sarei dovuta alzare presto ed era meglio non fare tardi.

Non importa di cosa si tratti, se secondo lei è meglio evitare, io le do retta. E quando c’è qualcosa che per me è molto importante, mamma fa di tutto per aiutarmi. Come quella volta che io ed Elena avevamo organizzato un sabato sera insieme, a casa mia. Ci conoscevamo da poco e avevamo una voglia pazzesca di passare un po’ di tempo insieme. C’era solo un problema: bisognava convincere i genitori di Elena. «Ci penso io!» ha detto lei. Ha chiamato la mamma della mia amica, presentandosi e spiegandole che avremmo potuto vedere un film a casa e che lei ci avrebbe tenuto d'occhio per tutta la sera. Ce l'ha fatta, e noi abbiamo potuto vivere il nostro weekend. Ormai mia mamma è diventata un mito tra tutti i miei amici.

Credo che sia diventata così disponibile perché da adolescente ha vissuto un'esperienza un po' diversa: nonna è stata piuttosto severa con lei. Quelle tante piccole libertà che io e mia sorella diamo per scontate, mamma se le è dovute conquistare, guadagnandosi la fiducia dei suoi genitori giorno dopo giorno.

Era proprio un'altra epoca ed è difficilissimo oggi dare un giudizio. Di sicuro nonna lo faceva per il suo bene – immagino anche per proteggerla, temeva che potesse cacciarsi in qualche pasticcio… – ma mamma da giovane ne ha sofferto.

Quando sono cresciuta e nonna ha cominciato a raccontarmi qualcosa della sua vita, ho anche capito meglio le sue motivazioni. Da giovane ha vissuto davvero di tutto, esperienze che a raccontarle oggi quasi non ci si crede. C'è stata la guerra, per esempio. Quando nonna ricorda quel periodo i suoi occhi diventano seri, e non importa che sia passato più di mezzo secolo. Non racconta mai particolari, ma si capisce che deve aver visto accadere cose davvero terribili. «Bastava poco per morire» ha detto una volta, e io non me la sono sentita di insistere per avere più dettagli su quelle vecchie storie, per rispetto. Poi c'è stata l'alluvione del Polesine, che è un fiume della nostra zona. Era il 1951 e per diversi giorni aveva piovuto tantissimo, troppo, e l'acqua straripò dal fiume, travolgendo campagne, villaggi e paesi. Fu una catastrofe e migliaia di persone si ritrovarono senza casa.

Nonna non ha mai preso un aereo, non è mai stata all'estero, eppure ha vissuto esperienze pazzesche, che non so neppure se io riuscirei a sopportare.

Ascoltarla mi fa riflettere su quanto noi ci lamentiamo mille volte al giorno per cose stupidissime. Neanche ci rendiamo conto di quanto siamo fortunati… no, lei invece la storia l'ha vissuta davvero, sulla sua pelle. Ed è anche comprensibile che i momenti più duri della sua vita abbiano cambiato in parte il suo carattere, rendendola la mamma severa che è stata. Persino con me non ha perso del tutto la sua tempra. Mi ricordo che, quando vedeva che mi stavo preparando per uscire, si fermava e mi chiedeva: «Ma sempre in giro, sei?».

A mamma era bastato
uno sguardo per capire
che avevo qualcosa
per la testa.

Seguiva poi una lunga sfilza di raccomandazioni, tipo: "Ma perché esci; ma è già buio, stai attenta; dopo una certa ora potrebbe essere pericoloso...".

Poi credo si sia abituata oppure ha capito che poteva fidarsi di me, che è anche meglio.

Raccomandazioni a parte, io e nonna abbiamo sempre avuto un ottimo rapporto. Di tempo insieme ne abbiamo trascorso tanto, perché per tutte le scuole elementari io tornavo a casa e andavo a pranzo da lei. Ed era un vero piacere, perché nonna cucina la pasta al pomodoro migliore del mondo. Non esiste un piatto più semplice, eppure non ho mai mangiato nulla di più buono della sua pasta, condita con i pomodori freschi dell'orto che coltiva personalmente. I pomeriggi con lei mi hanno dato l'opportunità di conoscerla meglio.

E quando ho avuto l'età per cominciare a essere indipendente, mamma ha voluto che la mia vita fosse un po' più semplice di quella che è toccata a lei.

Ora, bisogna anche dire che non sono mai stata una tipa troppo "ribelle". In generale non ho mai avuto la tendenza a cacciarmi nei guai. E poi sono nata e cresciuta in un piccolo paese nel Veneto, dove non ci sono grandi pericoli e neppure cose troppo assurde da fare. Insomma, non è poi così strano che mamma non sia mai stata severa con me. A complicare tutto c'era però papà, che ha sempre avuto un carattere più ansioso: rimugina all'infinito prima di prendere una decisione, ci pensa e ci ripensa.

Quindi immaginatevi me, a quattordici anni, che comincio a vedere le mie amiche e compagne di scuola che escono per la prima volta e provo a chiedere ai miei di poterlo fare anch'io.

E mamma sta per dirmi «Sì», ma papà risponde per primo facendomi un bel po' di domande: «Dove vai, con chi, perché, a che ora conti di tornare…». Ecco, la mia adolescenza è iniziata così.

Mentre vedevo molte ragazze libere di trascorrere le serate del weekend come volevano, senza orari particolari, io dovevo rientrare tassativamente entro mezzanotte. Dovevo anche scrivere dove mi trovavo, ma quello l'avrei fatto comunque. E già poter vedere gli amici dopo cena mi sembrava una conquista, perché fino ai quattordici anni papà aveva deciso che era troppo presto e potevo solo andare a casa di qualche amica a dormire… Questa era la mia situazione, con mamma che sarebbe stata disposta a lasciarmi uscire e papà timoroso.

Per farvi capire che tipo sia mia madre, devo raccontarvi della mia prima volta in discoteca, che dice molto su di me e la mia famiglia.

La discoteca: c'è un'età in cui sembra che andare a ballare sia l'obiettivo ultimo. Ci sono aspettative enormi, come se sulla pista ci attendesse il più incredibile divertimento del mondo. Alcune mie compagne di classe avevano iniziato a frequentare un locale a qualche chilometro di distanza dalla nostra scuola, e se ne parlava in classe. In breve, i ragazzi hanno cominciato a organizzarsi, sabato dopo sabato, ed è arrivato il momento in cui anche le mie amiche se ne sono venute fuori con: «Andiamo anche noi, vero?».

Domanda che ho ripetuto tale e quale ai miei: «Vado anch'io, vero? Posso?».

No, non potevo!

Papà preferiva che io aspettassi ancora un po'.

Aspettare?! Ma come? Certe cose vanno fatte insieme, con gli amici. Che senso avrebbe avuto posticipare la mia "prima serata fuori" di un anno, mentre tutte le mie amiche avevano già fatto quell'esperienza?

No, non si poteva!

A quel punto avevo sedici anni e non mi sembrava di chiedere nulla di troppo assurdo, così ho provato a spiegare il mio punto di vista. Ho insistito, poi l'ho letteralmente implorato: «Almeno una volta voglio andarci anche io, ti prego!».

«Non ora. Tra un po'.» La risposta restava questa, papà era irremovibile.

Mamma ha capito, ovviamente (come ho detto, lei capisce sempre tutto...). Ci ha pensato lei.

Io e la mia migliore amica Elena ci siamo organizzate con un piano infallibile: ufficialmente avremmo dovuto passare la serata nell'appartamento del piano terra, mentre in verità saremmo uscite di nascosto per raggiungere gli altri. Per chi si stesse domandando che cos'è l'appartamento al piano terra: la mia famiglia vive al primo piano di una villetta, mentre sotto ci stava mio zio. Quando si è trasferito, casa sua è rimasta vuota. Lì ho potuto invitare gli amici a dormire le prime volte. È stato il mio spazio di libertà "protetta".

E, da quel che sapeva mio padre, io e la mia amica del cuore saremmo rimaste lì per tutto il sabato sera.

Dopo cena io ed Elena abbiamo salutato i miei e siamo scese nell'appartamento affacciato al cortile.

Abbiamo visto un film e fatto finta andare a dormire. Poi abbiamo riempito le coperte di vestiti, così se qualcuno si fosse affacciato nella penombra avrebbe visto le due sagome nel letto... Giuro, l'abbiamo fatto davvero. Anche perché se papà avesse scoperto la nostra fuga, gli sarebbe venuto un infarto. Meglio quindi pensare a ogni dettaglio, per evitare inutili spaventi.

Quando abbiamo sentito che al piano di sopra tutto era tranquillo, ci siamo tolte il pigiama, rivestite e pettinate, poi siamo sgattaiolate fuori, dove ci aspettavano i genitori di Elena, in macchina. Sono stati loro ad accompagnarci in discoteca e poi a venirci a prendere dopo.

Ovviamente per tutta la serata ho continuato a scrivere a mia mamma, per dirle dov'ero e cosa stavo facendo. L'ho avvisata quando sono arrivata al locale e anche quando sono entrata a casa di Elena, dove ci eravamo organizzate per dormire.

Non abbiamo neppure fatto troppo tardi, perché il piano prevedeva che ci svegliassimo abbastanza presto, in tempo per tornare a casa mia, rientrando nell'appartamento senza farci scoprire. Ha funzionato tutto e papà non si è accorto di nulla, per fortuna.

Prima che vi venga in mente di organizzare qualcosa del genere, ricordate che avevo il permesso di mia madre, che lei sapeva esattamente dov'ero e che tutto era stato deciso nei dettagli.

Onestamente, non so che cosa papà si aspettasse da un'uscita in discoteca, quali pericoli temesse. È stata una serata divertente ma tranquilla, e non è successo nulla di strano. Mi è sempre piaciuto ballare, è davvero una passione, e per me era quello l'importante: la musica, la possibilità di scendere in pista con le amiche. Solo quello.

So che non tutti i locali sono uguali, c'è chi beve parecchio e possono anche girare droghe. Ma la mia esperienza è stata diversa, forse anche perché vivevo in un piccolo paese, un posto anche abbastanza noioso. Avete presente i luoghi comuni sulla provincia in cui succede poco e niente?

Ecco, nel mio paese a volte sembravano realizzarsi tutti, per davvero. Dalle mie parti raramente vedrete accadere cose strane (o, almeno, io non ho mai visto nulla del genere…).

Alla fine, la voglia di frequentare le discoteche non è durata molto. Passata la novità, ho perso presto interesse. La passione per la danza è rimasta e ha trovato altri modi per esprimersi, ma di questo parleremo dopo.

Quello che davvero ha contato, di quella mia "prima notte fuori", è stato l'appoggio incondizionato di mamma, così tanto dalla mia parte da coprirmi e assecondare il mio piano di fuga, anche se questo ha significato mentire a papà.

Sono sempre stata consapevole di quanto fosse eccezionale avere una mamma come la mia e ho fatto di tutto per non deluderla, mai. Vedendo quanto credeva in me, mi sono impegnata per dimostrarle che aveva ragione.

Mamma mi ha permesso di vivere la mia adolescenza, aiutandomi a non bruciare le tappe e restando sempre al mio fianco. Mi ha insegnato una cosa importantissima: c'è un tempo per ogni cosa. A sedici anni ero pronta ad andare a ballare con Elena, e lei lo sapeva. Ma in generale non ho mai avuto fretta di crescere e copiare quel che facevano i ragazzi più grandi. Credo sia importante, perché evita di ritrovarsi in situazioni di cui potresti poi pentirti…

Aurora, dal primo istante in cui ti ho vista, quando appena nata ti hanno messo tra le mie braccia, ho capito che avevi dentro una forza incredibile e che avresti affrontato la vita a testa alta e spalle dritte. Avevo ragione, ovviamente, perché una mamma queste cose le capisce subito...

Mentre crescevi ho visto questa parte di te diventare sempre più viva: da piccola eri irrefrenabile, avevi un'energia incredibile. Ballavi, adoravi la musica, inventavi mille storie. Di solito si pensa che siano i genitori a insegnare cose ai bambini, ma ti assicuro che anche tu mi hai insegnato tanto. Come quando dovevi imparare ad andare in bicicletta la prima volta, e avevi paura. Sì, forse non te lo ricordi, ma eri terrorizzata. Papà aveva tolto le rotelle e tu fissavi la bici con la faccia preoccupata. Io dentro di me pensavo che non c'era fretta, che avresti potuto riprovare più avanti, e stavo anche per dirtelo, ma tu hai stretto i pugni e hai detto: «Vado».

Sei salita in sella e hai messo il piede sul pedale, mentre papà ti teneva. E poi sei partita, nonostante la paura. Hai pedalato, sempre più forte, finché papà non ti è stato più dietro e tu sei andata da sola. Ero pronta a raggiungerti di corsa e a consolarti, nel caso fossi caduta, ma non è stato necessario. Ce l'avevi fatta, e quella soddisfazione non potrà mai togliertela nessuno. Altre volte sei caduta, è vero, ma ti sei sempre rialzata. Non hai mai lasciato che un fallimento ti fermasse. Ho ripensato a quel giorno in cui hai imparato ad andare in bicicletta anche mentre uscivo dallo studio del medico, con le brutte notizie. Ero più preoccupata per te che per me. Come l'avresti presa? Come avresti reagito? Ho sperato che tu riuscissi a sfoderare quella stessa forza che avevi mostrato. Be', mi hai sorpresa. Ti ho visto crescere, da un momento all'altro. Non eri più la mia bambina, quella che si divertiva a rubare i vestiti dal mio armadio e a provare i balletti in salotto, saltando sul divano; eri una giovane donna coraggiosa.

Mi hai stupita un milione di volte: quando hai chiesto di sapere tutto, quando ascoltavi quel che dicevano i medici, quando mi hai abbracciata il giorno dell'operazione dicendomi: «Andrà tutto bene», e quando mi hai accompagnata a fare la chemioterapia. Non ti sei mai tirata indietro, hai voluto esserci. Ecco, se il giorno in cui sei nata mi avessero chiesto: «Cosa ti auguri per Aurora?», io avrei risposto questo: spero di insegnarle a diventare il genere di persona che non si tira indietro davanti a nulla, che accoglie ogni momento felice della vita e che resta accanto alle persone che ama anche nelle difficoltà. Quell'anno terribile che abbiamo vissuto mi ha mostrato che il mio desiderio si è avverato. E io, da mamma, posso dire di essere immensamente orgogliosa di te e di tutto quello che stai facendo.

La mamma

03
L'anno in cui tutto è cambiato

Immaginatevi l'amicizia perfetta, quella totale, che di solito leggi sui libri o vedi in una serie tv.

Ecco, io ho avuto la fortuna di viverla personalmente sulla mia pelle. Ho conosciuto Elena in prima media, quando eravamo ancora praticamente bambine, e abbiamo condiviso un milione di cose fino alla terza superiore. Anni interi, in cui abbiamo fatto quasi tutto insieme, proprio come due sorelle.

Poi è arrivata l'estate della terza superiore, quella che ha cambiato le cose per entrambe, per sempre.

Ma cominciamo dall'inizio, da quel settembre in cui l'ho vista per la prima volta. Già, perché vivevamo tutt'e due nello stesso paese, che è piccolo ma non così minuscolo da conoscere davvero *tutti*. E poi casa sua si trovava dalla parte opposta rispetto a dove vivevo io, quindi per quanto sembri assurdo non ci eravamo mai incrociate prima.

Il primo giorno di scuola media ero ovviamente un po' tesa. Per superare l'emozione ho subito cercato di fare amicizia con i nuovi compagni, tutti quanti.

"E se qualcuno ti sembra un po' antipatico, vietato giudicare senza aver dato una seconda possibilità", mi ero detta. In fondo l'inizio di una nuova scuola è sempre così, bellissimo e terrorizzante. Prima di entrare in classe hai mille pensieri e ti fai altrettante domande, e quasi tutte possono essere riassunte in: "Chissà come saranno i nuovi compagni?". A cui segue: "Che penseranno di me?".

"Non farti prendere dalla timidezza, non dire stupidate, sorridi ma non sorridere troppo", mi ripetevo. Avevo deciso di impegnarmi per restare tranquilla. Non è che ci sia proprio riuscita, però lo *sembravo*…

Sono passati i primi giorni; poi, per conoscerci meglio, abbiamo cominciato a uscire insieme, anche dopo la scuola. Questo è uno dei vantaggi del crescere in un paese: riesci a organizzarti con i tuoi coetanei abbastanza facilmente…

Comunque, in quelle uscite pomeridiane c'era anche lei, Elena.

Ed è stato subito chiaro che no, non ci stavamo per niente simpatiche.

Ma proprio zero.

Sapete quando ti capita di essere con qualcuno e non avere nulla da dire? Ci guardavamo e… non so, sembravamo vivere in due mondi diversi. Non rideva alle mie battute e io non ridevo alle sue, ogni cosa che dicevo cadeva nel vuoto, con lei che mi fissava tipo: "E allora?".

In verità eravamo entrambe molto timide. Uno potrebbe pensare che i timidi tra di loro si capiscano meglio, invece non è affatto così!

Ognuna restava sulle sue, ci scrutavamo con sospetto… e ogni tentativo di dialogo finiva nel nulla, scivolando nel mutismo totale.

(Quanto è imbarazzante cercare di attaccare

Il primo giorno di scuola
media ero ovviamente
un po' tesa. Per superare
l'emozione ho subito cercato
di fare amicizia con i nuovi
compagni, tutti quanti.

bottone con qualcuno a cui sembra non importare nulla di quello che stai raccontando?!)

A peggiorare le cose c'era anche il fatto che in quel primo anno né io né lei avevamo davvero bisogno di conoscerci meglio. Ciascuna di noi aveva già un'amica.

Per esempio, io alla mia qualche volta chiedevo: «Ma come mi guarda, Elena?». Ero certa di starle antipatica.

Okay, se ci penso ora sembra assurdo, ma ai tempi non lo era. Non è che parlassi male di lei, però cercavo di capire perché ce l'avesse con me. In realtà anche lei si stava domandando la stessa cosa nei miei confronti, ma questo l'ho scoperto solo dopo...

Tutte le grandi amicizie che ho avuto finora sono nate così: all'inizio penso sempre: "È impossibile, non legheremo mai!". E ogni volta mi sbaglio...

E ora vi starete chiedendo cosa sia successo per ribaltare completamente la situazione con Elena.

Be', non lo so con esattezza neppure io.

È finita la prima media, c'è stata l'estate, siamo cresciute. Nel settembre del secondo anno ci siamo riviste, ritrovandoci sedute una accanto all'altra, compagne di banco, e qualcosa è cambiato.

Abbiamo intuito di essere più simili di quanto credevamo, e quasi senza rendercene conto abbiamo cominciato a legare. Tutto l'anno è stata una scoperta continua: avevamo tantissime cose in comune, lo stesso modo di fare, gusti simili...

Tanto che quando è arrivata l'estate mi è sembrato assurdo non poterla vedere per tre mesi. Voglio dire, tre mesi senza di lei erano un tempo infinito! Con chi mi sarei confidata, con chi sarei rimasta a chiacchierare per ore? Per la prima volta la scuola finiva e io non ero affatto felice.

«Perché non chiediamo alle nostre famiglie se puoi venire al mare da noi?» ha proposto Elena.

La sola idea mi sembrava fantastica!

Fortunatamente i nostri genitori erano d'accordo, quindi siamo state insieme anche al mare, in un piccolo paese sulla costa, a venti minuti da dove abitiamo. È un posto tranquillo, con lunghe distese di sabbia chiara e acque poco profonde. È proprio come ci si immagina la tipica località di villeggiatura, con la passeggiata lungo la costa, i bar e i negozi che vendono articoli da spiaggia e souvenir. Trascorrere l'estate insieme ci ha fatto legare ancora di più.

Elena è diventata per me quasi una seconda sorella (perché sì, una sorella io ce l'ho!) e l'ultimo anno delle medie eravamo letteralmente inseparabili.

Lo siamo rimaste anche dopo, perché sia io sia lei eravamo decise a frequentare il liceo linguistico.

Nella nuova scuola, a differenza di com'era stato alle medie, sono entrata stringendo la mano della mia amica del cuore, e tutto è stato facile.

E per fortuna! Perché oltre alle nuove materie, c'erano un bel po' di novità… le prime feste, le prime cotte, le nuove compagnie di amici.

Con Elena al mio fianco ogni problema sembrava superabile. Tra noi non c'erano segreti, lei mi capiva sempre, senza neppure bisogno di parlare. Abbiamo vissuto tante cose, insieme. E d'estate ho continuato a trascorrere parte delle vacanze con lei al mare, ma a quel punto avevamo qualche anno in più. Ci siamo create un bel gruppo di amici, e sono arrivati anche i primi amori.

Il primo amore estivo è una di quelle esperienze della vita che ciascuna dovrebbe vivere con un'amica come Elena al proprio fianco.

Ovviamente né io né lei avevamo il coraggio di parlarne apertamente con il diretto interessato, né di fargli capire in alcun modo che c'era dell'interesse. Anzi!

Quando ti piace qualcuno un istinto irrefrenabile ti spinge a comportarti nella maniera meno logica possibile (o, almeno, è quello che accade a me…). E allora io smettevo di parlargli, non gli rivolgevo proprio la parola. Non lo guardavo neppure… e probabilmente lui si convinceva pure di starmi antipatico.

Per fortuna a questo punto interveniva lei, Elena!

Era lei a cercare di chiacchierare con il ragazzo per cui mi ero presa una cotta, lanciandomi occhiate d'incoraggiamento perché io poi

trovassi il coraggio di unirmi alla discussione, eventualità che comunque si avverava molto di rado, perché la timidezza mi bloccava completamente.

La stessa cosa accadeva al contrario: ero io a scambiare due parole con il ragazzo della compagnia che piaceva a Elena, così che lui notasse la mia amica, immobile e muta per l'emozione, accanto a me. Questa è una cosa che capita a chiunque, credo: quando vedi qualcuno che ti attira magari impieghi un'ora per prepararti, esci di casa sicurissima di te, hai anche in mente tutta una serie di argomenti che potresti affrontare, sei certa che riuscirai a sorprenderlo con qualche battuta brillante, e invece… niente. Quando lo vedi ti si blocca il cervello, a fatica balbetti un «ciao» e alla fine passi la serata a far finta di osservare qualcosa dall'altra parte della strada, per non rischiare di girare la testa e incrociare il suo sguardo, perché non reggeresti l'emozione. Ecco, questa è più o meno la storia dei miei amori estivi.

Quando poi eravamo da sole, io ed Elena potevamo parlare delle serate appena trascorse e riderci su, ripercorrendo e commentando ogni frase detta, ogni gesto, ogni dettaglio.

Le mie estati sarebbero state molti diverse, senza di lei.

E anche tutti gli altri mesi dell'anno: sarebbero stati diversi i sabati sera in paese e i primi giorni di scuola, i periodi di interrogazioni, le domeniche di noia, trascorse ascoltando musica da me. Siamo cresciute insieme, e da lei ho imparato quanta forza può darti un'amica al tuo fianco.

*Difficile anche solo immaginarmi,
senza Elena.
Finché non è arrivata la notizia.*

L'ha annunciata nell'estate della seconda superiore, mentre eravamo a cena con il gruppo di ragazzi belgi arrivati nella nostra scuola per uno scambio culturale. Era una iniziativa del nostro liceo linguistico, pensata per permetterci di fare esperienza con il francese. Avevamo organizzato una serata in pizzeria, ed eravamo tutti seduti a tavola quando Elena ha dichiarato: «Ragazzi, mi trasferisco e vado a vivere in Piemonte».

È calato il silenzio, ci siamo guardate negli

occhi e, senza pronunciare una parola, ci siamo dette un milione di cose.

Poi ha abbassato il capo e ha aggiunto: «Ma non è ancora del tutto sicuro», come per rassicurarci.

In verità il trasferimento era abbastanza certo, ed Elena cercava solo di addolcire la pillola. Per un istante ho provato sollievo. Avevo notato che nei giorni precedenti la mia amica era strana, ma alle mie domande preoccupate aveva dato risposte vaghe. Finalmente capivo le ragioni dei suoi silenzi. Non ce l'aveva con me, affatto.

Poi mi sono chiesta perché avesse scelto proprio quel momento per raccontare dell'imminente trasloco, insieme al resto della classe e ai ragazzi belgi in visita. Immagino che fosse più facile rivelare la novità davanti a tutti, piuttosto che davanti a me soltanto.

Quando scopri che la tua amica del cuore andrà a vivere a parecchie centinaia di chilometri da te, si può reagire in molti modi diversi. Ci si può disperare, per esempio. O arrabbiarsi con il destino crudele che ha deciso di separarvi. Ci si può fare infinite promesse sul futuro. Io ed Elena, invece, abbiamo cominciato a videochiamarci spessissimo, per compilare una to-do list della nostra ultima estate insieme.

Abbiamo scelto di concentrarci sul presente e non lasciarci terrorizzare dal futuro, di non permettere alla tristezza di rovinarci le poche settimane che ci restavano. Non potevamo fare nulla per evitare il suo trasloco, ma potevamo vivere al meglio ogni giorno.

Così è nata la nostra lista.

Qualche tempo fa Elena l'ha ritrovata. Quando mi ha mandato la foto, è stato come ritornare a quell'estate, la nostra ultima insieme. Impossibile non emozionarsi...

- *Tornare al mare*
- *Fare il bagno a mezzanotte*
- *Mangiare la pizza davanti al mare*
- *Fare un falò sulla spiaggia*
- *Imparare a essere meno timide con le persone che ci piacciono*
- *Raccontarci tutti i segreti, senza nasconderci nulla*
- *Scattare tantissime foto, da riguardare in futuro*
- *Imparare a memoria tutte le canzoni dell'estate, per poterle cantare insieme*

Poi è arrivato settembre, e con lui l'inizio della terza superiore e la rivoluzione totale che ha cambiato le nostre vite.

Elena ha cominciato a mettere negli scatoloni tutte le sue cose, a svuotare la stanza dove avevamo trascorso tanti pomeriggi.

Io ero convinta che sarei rimasta lì, nel paese, da sola, senza di lei. Una prospettiva che un po' mi spaventava. Avevo altri amici, è vero, ma senza Elena tutto mi sembrava più difficile.

Con chi avrei studiato per prepararmi alle interrogazioni? Chi sarebbe venuta da me a vedere tutti i più romantici film d'amore su Netflix? Chi mi avrebbe fatto ridere fino alle lacrime con le sue battute folgoranti?

Invece le cose sono andate diversamente da come pensavo (e temevo). Tutto è cambiato anche per me, in una maniera inaspettata, che mai avrei immaginato. È stato talmente veloce che quasi non ho avuto tempo per rifletterci troppo. E forse va bene così, perché alcune decisioni vanno prese con il cuore.

Alla fine mi sono trasferita anche io.

Lei è andata a Piemonte, io in Lombardia.

Per entrambe è iniziata una nuova vita: nuove avventure, nuovi amici, nuove sfide.

Non è stato facile, lo ammetto. Questo grande cambiamento è giunto in un momento stranissimo. La pandemia è arrivata a cambiare tutto, ci ha costretti in casa e tolto molte libertà. Abbiamo cominciato nuove scuole mentre per la prima volta si parlava di DAD, mascherine, video-lezioni.

Io ed Elena siamo rimaste unite, nonostante la lontananza. Ci scrivevamo spesso e facevamo lunghe telefonate per condividere le novità e farci forza a vicenda.

Con il tempo abbiamo entrambe trovato nuovi amici, lei è stata bravissima e si è costruita una nuova compagnia. E io non posso che esserne felice.

Quando ho festeggiato il mio diciottesimo compleanno a Barcellona, Elena non è potuta venire; c'era il Covid ed era tutto complicato. Mi ha però scritto una lettera.

Ciao, amica mia bella!

Sicuramente stasera sarai la più fotonica di tutte (come sempre).

Vorrei TANTO essere lì con te a festeggiare, ma ti divertirai a bomba lo stesso, anche per me.

Negli ultimi giorni ho pensato molto alla nostra amicizia, la più bella che io abbia mai avuto.

Siamo praticamente cresciute insieme, ne abbiamo passate di tutti i colori e non vedo l'ora di poter raccontare le stupidate fatte ai miei futuri figli (aspetta e spera, Elena ;)), e anche di come la tua amicizia mi abbia cambiata in meglio e mi abbia riempito il cuore.

Tralasciando qualche dettaglio muahahahahah :)

Hai una forza che è raro avere, non ti fai mettere i piedi in testa da nessuno, quasi quasi litigheresti anche con te stessa (forse già lo fai).

Ma anche per questo sei da ammirare e invidiare, e ti devo ringraziare, perché parte della forza che ho ora, ce l'ho grazie a te.

Eri la mia roccia, spesso il mio punto di riferimento.

Non ti sottovalutare mai e non lasciare neanche l'opportunità agli altri di farlo, perché se ora sei ciò che sei è solo merito tuo.

Purtroppo non potremo più stare appiccicate come una volta, ma so che se mai avrò bisogno potrò contare su di te.

Parlare con te, ridere con te, impazzire con te, persino piangere con te non hanno paragoni, perché tu sei solo tu.

In futuro spero tu possa realizzare tutto ciò che desideri.

Sii fiera di te e di tutto ciò che sei.

Non perdere mai il sorriso e la voglia di fare.

Non vedo l'ora di poterti riabbracciare, mi manchi da morire.

Sei insostituibile, non dimenticarlo mai.

Passa una serata meravigliosa.

Ti voglio un mondo di bene!

E con questo tanti auguri, pazza mia!

04
Una grande avventura

Ma facciamo un passo indietro.

La mia amica del cuore stava per trasferirsi lontano, e io ero abbastanza giù di morale. C'erano tante piccole cose che mi mandavano in crisi, infiniti aspetti della vita di provincia in cui faticavo a ritrovarmi e che presto avrei dovuto affrontare senza Elena. La scuola, lo studio, gli amici, i sabati sera: la mia vita restava quella di sempre, ma mi sarebbe mancata da morire l'unica persona capace di farmi sentire forte. Senza la mia migliore amica ogni cosa appariva difficile, ogni problema insormontabile.

E ora cosa faccio?

Questa era la grande domanda a cui non riuscivo a trovare risposta…

Non potevo saperlo, ma mi aspettava una rivoluzione totale – sì, anche a me! – di quelle che ti portano via di casa e ti trasformano la vita. E anche la mia rivoluzione, come quella di Elena, sarebbe iniziata in quell'assurda estate della terza superiore. Nel suo caso a dare il via a tutto era stata una proposta di lavoro per suo padre, nel mio… un messaggio. Un semplice DM arrivato sul mio profilo Instagram, scritto da un ragazzo. Sapevo chi era, come spesso succede sui social, ma nulla di più. E non avevo neppure una grande opinione di lui. Non mi stava particolarmente simpatico, così a pelle. È difficile giudicare una persona per quello che fa e che dice sui social, ma a me sembrava un po' arrogante, troppo sicuro di sé. Insomma, non proprio il mio tipo. Naturalmente le persone bisogna conoscerle, non ci si può fermare a quel che vediamo nelle IG Stories. Ci sono infinite ragioni che ci spingono a mostrarci diversi da quello che siamo davvero, in maniera più o meno consapevole. Spesso finiamo per apparire più sicuri di noi stessi proprio per non mostrare le nostre fragilità (non sempre, eh! Ma qualche volta succede!).

Una regola che mi sono data, da sempre, è proprio questa: prima di giudicare qualcuno, bisogna prendersi il tempo di conoscere davvero quella persona.

Quindi quando è arrivato quel messaggio l'ho letto cercando di non essere prevenuta. E mi sono subito incuriosita.

Ehi, come va, seguito da qualche altra frase di circostanza per arrivare alla vera questione.

C'è questa House, con tante persone interessanti… Perché non vieni anche tu?

La sua franchezza mi ha sicuramente colpita.

Era una proposta strana e lui ne era consapevole, infatti subito dopo ha aggiunto: *Puoi cominciare a unirti agli altri per qualche giorno, per fare una prova.*

Sono rimasta imbambolata davanti allo schermo a fissare le parole che mi aveva scritto quel ragazzo, senza prendere una decisione. Non ho cestinato il messaggio, ma ho cominciato a pensarci e ripensarci.

Come avrete capito, quel ragazzo era Mura.

Nei giorni seguenti i miei pensieri tornavano sempre lì. Più ci riflettevo, più l'idea di entrare in una House cominciava a sembrarmi interessante.

Allora ho recuperato il cellulare e ho iniziato a curiosare tra i profili delle House che conoscevo. E sono stata travolta da un'altra emozione: ero stranita ma anche felice. Mi sono domandata perché tra tutti i creator quella proposta fosse arrivata proprio a me. I social sono letteralmente pieni di ragazzi talentuosi, creativi, brillanti. Che avevo fatto io per meritarmi quella possibilità?

Poiché non conoscevo abbastanza Mura per scrivergli e provare a indagare su tutte queste faccende, mi sono rassegnata a tenere per me i miei dubbi.

Anche perché c'era una domanda ancora più importante a cui dare una risposta: volevo davvero accettare la sua offerta?

Spesso finiamo per apparire
più sicuri di noi stessi proprio
per non mostrare le nostre
fragilità (non sempre, eh!
Ma qualche volta succede!).

Ci ho pensato un po', poi ne ho parlato con mamma e papà.

«*Che?!*», è stata la loro prima reazione. Come ho visto la loro perplessità ho pensato che gli sembrasse assurdo che io facessi quell'esperienza – e una voce nel mio cervello ha detto: «È vero, Aurix, sei giovane...» – ma poi ho capito che il problema era un altro. I miei genitori non sapevano cosa fosse una House. Così ho dovuto spigare di cosa si trattava, mostrando anche qualche video. Immagino che ben pochi genitori conoscano bene questo fenomeno così diffuso tra i creator. Probabilmente la maggior parte non ne ha neppure mai sentito parlare, e ci sta.

Ho raccontato di queste case – grandi, spaziose, luminose – dove i creator si riuniscono per produrre insieme contenuti, come un collettivo che permette di imparare gli uni dagli altri, unire le forze, trovare ispirazione e naturalmente... divertirsi. L'idea è nata negli Stati Uniti, dove la celebre Hype House è stata un enorme successo fin da subito, ma prima c'erano state altre House: i primi esperimenti riusciti risalgono al 2014 e alcune ospitavano youtuber. È stata un'idea molto sensata, perché per fare video servono attrezzature, luci, computer con programmi specifici, e unire le forze permette di risolvere problemi. Dopo i primi youtuber, anche gli influencer in generale, quindi meno legati a YouTube, hanno comunque apprezzato l'idea, seguendo il loro esempio. Quindi sono comparse altre House, più o meno famose.

Ma sicuramente è la Hype House ad aver dimostrato al mondo che unire le forze conviene, soprattutto se la casa è grande, bellissima e dotata di tanti spazi diversi perfetti per i video. Perché sì, l'ambiente e la luce fanno la differenza e rendono tutto più semplice, ma c'è anche un altro fattore: insieme ci si diverte, nascono nuove idee, si impara gli uni dagli altri e si gestiscono meglio le tensioni e le paure che derivano dall'avere milioni di persone che guardano quello che fai, giudicano e magari ti scrivono anche quel che pensano, senza preoccuparsi troppo dei tuoi sentimenti. Quando i ragazzi si sono trasferiti nella Hype House è stato subito chiaro che sarebbe stata una bella esperienza. Non c'erano quasi mobili, ma non aveva importanza. Anzi, è stato un bene, perché significava avere più spazio per girare.

Milioni di persone hanno seguito Charli e Dixie D'Amelio, Chase Hudson, Alex Warren,

Thomas Petrou mentre vivevano insieme, registravano video negli immensi bagni (sembra un po' strano, ma lì ci sono grandi specchi e una buona luce, quindi i video in genere vengono bene...), ballavano e inventavano coreografie.

Quando ho raccontato a papà la storia della Hype House, lui era abbastanza incredulo, perché tutto è nato dall'idea dei ragazzi. Sono stati loro in persona a trovare i soldi necessari, ad affittare la villa e a organizzare tutto.

Poi papà ha visto il profilo di Charli D'Amelio e l'assurdo numero di follower, e a quel punto ha iniziato a prendere sul serio TikTok... Se una ragazza riusciva a diventare tanto popolare, allora doveva esserci anche qualcosa di buono.

Charli secondo me è pazzesca: è bravissima a ballare e i suoi video sono incredibili, ma a colpirmi più di tutto è sempre la sua semplicità. Potrebbe essere un'amica, per dire. Ci si riconosce in lei, il suo mondo è il nostro. Quando si parla di social e Internet, spesso i genitori cominciano a tremare. Tutti hanno sentito storie assurde, cose anche accadute davvero, quindi la loro reazione è comprensibile. Ma Charli mostra che TikTok può anche essere un luogo virtuale dove seguire le proprie passioni.

Comunque, i miei sono sempre stati molto disponibili e incuriositi da tutto quello che fa parte del mio mondo, quindi hanno ascoltato senza preconcetti quel che avevo da raccontare su Charli, TikTok e tutto il resto.

«Ti interessa davvero?» mi hanno chiesto infine, facendosi seri.

Ho ammesso che mi avrebbe fatto piacere andare a vedere di che si trattava. Così mamma e papà si sono organizzati e un giorno d'estate siamo saliti in macchina diretti verso Milano, dove avremmo incontrato i manager della Stardust House.

L'impressione è stata subito positiva. È bastato entrare nei loro uffici per capire che mi stavano offrendo una bella occasione, una di quelle che non vuoi perdere. Per la prima volta avrei potuto conoscere un mondo che era diversissimo da quello in cui ero cresciuta. Non voglio dire che fosse meglio o peggio, però era senza dubbio molto differente: una città più grande, una passione che avrebbe potuto trasformarsi in qualcosa di diverso, una sfida. E io avevo davvero voglia di scoprirlo, benché fossi ancora un po' intimorita, come accade sempre quando devi affrontare una novità importante.

Il momento in cui ho capito che sì, volevo entrare nella House, è stato quando mi hanno mostrato un video della villa. Sono rimasta senza parole. Mi è sembrato un posto meraviglioso. Speciale, straordinario.

E poi ho scoperto quali altri ragazzi ci sarebbero stati: li seguivo sui social e l'idea di conoscerli davvero mi piaceva.

Ne ho riparlato con mamma e papà, a lungo. La House aveva regole molto precise, la prima delle quali aveva rassicurato molto i miei genitori: chi va male a scuola è fuori. Non importa quanti follower hai su TikTok, lo studio va preso seriamente. E se è difficile conciliare le cose e trovare tempo per i libri, non importa. Ci si impegna di più, trovando la motivazione per riuscire a fare tutto e a tenere i propri voti sopra la sufficienza. Entrare alla Stardust House è un privilegio. Bisogna dimostrare di meritarselo.

«In fondo sono solo due settimane, è una prova. Se non mi trovo bene torno. Vi chiamo tutte le sere, promesso.» Ho fatto questo discorso in famiglia. E non lo dicevo solo per convincerli, ci credevo davvero.

I miei ci hanno riflettuto attentamente. Sono molto legati a me, quindi lasciarmi andare così lontano era una decisione difficile da prendere. La House era a parecchi chilometri da dove vivevo, non lontano da Milano. Che mio papà è molto protettivo già lo sapete... ma questa volta anche mamma aveva delle perplessità.

Per poter capire quale fosse la via più giusta, hanno deciso di applicarsi con impegno e studiare. Esattamente, studiare.

C'era tutto un mondo che conoscevano solo marginalmente. I miei avevano un profilo Instagram, avevano avuto Facebook, ma non posso dire che davvero avessero idea di quanto i social siano diffusi tra i ragazzi. Di TikTok, per dire, sapevano poco.

«Ci sono video, giusto?» aveva chiesto papà.

«Giusto.»

«E sono video di piccoli balletti.»

«Non solo...»

Ho dovuto fare loro un corso accelerato di social. Alla fine erano interessati e anche divertiti. Quanto si fossero appassionati all'argomento l'ho

Il momento in cui ho capito
che sì, volevo entrare
nella House, è stato
quando mi hanno mostrato
un video della villa.

capito il pomeriggio in cui ero in camera mia e ho sentito la musica del mio ultimo video provenire dall'altra stanza. Allora mi sono affacciata e l'ho visto: papà, seduto sul divano, stava guardando i miei video. Per un secondo ho temuto mi dicesse qualcosa, invece no. Era più che altro sorpreso del numero di persone che mi seguiva e che aveva messo un like.

I miei ne hanno parlato a lungo tra di loro. Poi hanno deciso.

«Ti lasciamo andare perché non vogliamo metterti i bastoni tra le ruote. Se è un sogno, faremo di tutto per aiutarti a realizzarlo» mi hanno detto.

Dandomi il permesso di entrare nella Stardust House, mamma e papà hanno dimostrato una grande generosità. Sono la loro seconda figlia, la piccola di casa. Mia sorella ha molti anni più di me, ormai aveva già una sua vita. Che gli sarei mancata non c'erano dubbi. Papà avrebbe dovuto affrontare parecchie sue paure, a mamma la casa sarebbe sembrata terribilmente vuota.

Però l'hanno fatto, con quello che per me è un enorme atto d'amore.

Dopo aver ricevuto l'okay di mamma e papà ne ho parlato con Elena, che era ancora in paese.

È stato bello poter condividere con lei quella decisione, benché alla mia migliore amica i social non siano mai interessati particolarmente. Cioè, come quasi ogni ragazza della nostra età aveva un suo profilo, ma non ha mai fatto caso ai follower o alle visualizzazioni. Eppure, è stata capacissima di aiutarmi, perché l'avventura che stavo per affrontare non aveva a che fare solo con Instagram, Tik Tok o il mondo degli influencer.

Era qualcosa di più. Sarebbe stata la mia prima esperienza di vita fuori casa, lontana dai miei genitori. Avrei conosciuto altri creator e sicuramente avrei anche imparato un bel po' di cose.

Continuavo a pensarci: avevo solo sedici anni. La cameretta in cui ero cresciuta, il mio quartiere, le amiche che abitavano in paese… tutto questo non avrebbe più fatto parte della mia vita, almeno per un po'.

Non posso nasconderlo, c'erano anche momenti in cui mi venivano i dubbi più enormi. E se mi fosse mancata troppo casa? Ce l'avrei fatta davvero? E se gli altri ragazzi si fossero rivelati diversi da come immaginavo? Se non avessi legato con loro?

Più passavano i giorni, più mi sentivo emozionata. E anche spaventata, indecisa, e super carica. Insomma, sentivo dentro tantissime emozioni diverse, tutte insieme. Abbastanza da essere confusa… e a un certo punto non vedevo l'ora di andare, perché non ne potevo più di sopportare quell'incertezza!

Comunque, c'era anche l'altra parte della questione. È vero, stavo per affrontare un'esperienza di vita, ma sapevo benissimo che la Stardust House sarebbe stata anche un'opportunità per crescere proprio lì, sui social. In quel mondo che mi stava dando tante soddisfazioni e che riusciva a farmi stare bene.

Per me i social erano importanti, li adoravo. In terza superiore non avevo i numeri che ho ora, ma non per questo ci tenevo meno alle persone che mi seguivano. Ciascuna di loro per me contava davvero molto. Erano la mia forza. Forse a quei tempi non ne sapevo quanto oggi, ma ero consapevole che la Stardust House mi avrebbe aiutata a crescere.

E poi è arrivato settembre.

Sia io sia Elena abbiamo lasciato il nostro paesino. Io con la valigia per due settimane nella villa, Elena con decine di scatoloni caricati su un camion; lei verso il Piemonte, io verso la Stardust House.

Ci siamo abbracciate fortissimo, un abbraccio infinito. Mi sembrava una situazione incredibile, continuavo a chiedermi come tutto fosse potuto accadere così in fretta.

In quel momento mi sono fatta forza pensando: "Sono solo due settimane". Me lo sono ripetuta tantissime volte, anche se dentro di me sapevo che stavo partendo per un viaggio da cui sarei comunque tornata differente. Avrei fatto esperienze, scoperto cose nuove, imparato, conosciuto persone.

La valigia era pronta. L'avevo fatta e disfatta infinite volte, perché decidere cosa portarsi per due settimane non è facile. Quindici giorni non sono certo pochi.

Poi è arrivato il momento di partire. Mi hanno accompagnata mamma e papà in macchina, e solo quando ho visto il paese scomparire dietro al finestrino ho cominciato a crederci davvero. Stava succedendo. Sarei entrata nella Stardust House!

Aurora,

so bene di essere un papà un po' apprensivo. Sono quello che prima di tutto dice "meglio di no" (su qualsiasi cosa, non importa quale sia l'argomento...) e poi ci pensa. Ma che intanto mette le mani avanti con quel "no". Che non si sa mai...

Questo lo sapete tutti, in famiglia, e spesso ci scherziamo anche sopra. Quello che però non sai, perché non te l'ho mai detto, è che sono anche infinitamente orgoglioso di te. Quando sei venuta da noi a parlarci della Stardust House, la primissima cosa che ho pensato non è stata "Meglio di no", ma "Wow". Wow, perché ti eri fatta notare in quel mondo che sentivi come tuo, e perché eri pronta ad affrontare un'avventura che ti avrebbe portata lontano. Non so se io alla tua età avrei avuto davvero il coraggio di trasferirmi come hai fatto tu, te lo dico onestamente. Me lo sono chiesto a lungo. Probabilmente avrei avuto così tanti dubbi da convincermi a desistere.

Invece tu sei subito sembrata decisa, determinata, convinta in una maniera che mi ha stupito. Alla fine, un padre deve aiutare i propri figli a prendere le decisioni giuste, non prenderle al posto loro. Il mio compito è stare al tuo fianco, sostenerti, incoraggiarti quando serve. Ed è ciò che ho cercato di fare. Una parte di me avrebbe voluto dire "no, sei troppo giovane", ma poi ho visto nei tuoi occhi la voglia di metterti in gioco e ho capito che avrei fatto un grave errore a trattenerti. Ci ho pensato tanto e l'idea di saperti lontana qualche volta mi ha tolto il sonno, ma quello che è successo mi ha anche fatto capire che posso fidarmi di te. Hai preso tutto molto seriamente, come non immaginavo potesse fare una ragazza della tua età. Quindi grazie, per quello che mi hai insegnato e mi hai dimostrato.

Papà

05
Vita di paese

Devo ammetterlo: se ho accettato di lanciarmi nell'esperienza della Stardust House è stato anche perché nel mio paese non era tutto semplice. Non voglio assolutamente parlarne male, davvero. È vicino al mare, non troppo grande, con un centro storico grazioso. Basta uscire di casa per incontrare qualcuno che conosci, e questo tende a farti sentire come in famiglia. A volte sembra di essere in una cartolina, con le piazzette tranquille e le case colorate affacciate sul fiume che scorre in centro. Non è una famosa destinazione turistica, ma potrebbe esserlo, e sono certa che chiunque, passeggiando, ne resterebbe incantato. Io ci sono nata e cresciuta, è casa mia. Da bambina mi piaceva l'idea di vivere in un paese, ma crescendo la situazione ha cominciato ad andarmi stretta. È davvero difficile dire cosa non andasse. In teoria, nulla. Eppure, come sono iniziate le scuole superiori, ho cominciato ad avere l'impressione che noi ragazzi non eravamo affatto tutti uguali. Esistevano delle gerarchie ben precise, non scritte ma note a tutti: qualcuno era più popolare e altri meno. E io rientravo decisamente in quest'ultima categoria. Nessuno viene a dirti in faccia: sei una sfigata! Ma ci sono molti modi per fartelo capire. Non sei invitata a certe serate, hai l'impressione che si parli di te alle tue spalle. Vedi i sorrisi di scherno mentre attraversi la piazza, di sabato pomeriggio, e passi accanto a una compagnia di ragazzi più grandi. Sono piccole cose, ma finisci per notarle.

Che cosa ci fosse di sbagliato in me non saprei proprio dirlo, ma tante volte mi sono sentita invisibile o giudicata. Impossibile definire quale fosse la discriminante tra quelli che tutti avrebbero voluto in compagnia e quelli che invece non venivano considerati e restavano ai margini.

Per fortuna avevo il mio piccolo gruppo di amici, quindi non ho mai sofferto la solitudine. Se ci ripenso, però, ancora mi domando perché. Forse era la mia timidezza, il modo in cui mi ponevo. Io e le mie amiche non eravamo le tipiche ragazze spigliate e sicure di sé, raramente ci trovavamo al centro dell'attenzione. Quindi non riuscivamo a creare grandi legami con i nostri coetanei più disinibiti, e questo ci tagliava fuori da alcuni giri. Ci sta: non potevamo pretendere che fossero gli altri a coinvolgerci, non sempre. Se fossimo state più sicure di noi, magari le cose sarebbero state diverse. Chi può dirlo...

Comunque, questa era la mia vita in paese. Non esattamente esaltante, lo ammetto. Non sempre. Però, come dicevo, c'era il mio piccolo gruppo di amici dove nessuno era "sbagliato" o "non abbastanza"; stavamo tra di noi, e andava bene così.

E poi c'era Elena, con cui potevo condividere tutto, sempre. Se non fosse stato per lei, la mia vita sarebbe stata molto differente.

In fondo la vera amicizia è così, tanto potente da cambiarti anche la vita, in tanti modi diversi.

Ora dobbiamo fare un passo indietro nella mia storia, a qualche anno prima rispetto al giorno in cui sono partita per la Stardust House. Una giornata come tante, ma solo all'apparenza. Io ed Elena eravamo sul muretto dietro la chiesa ad annoiarci un po', quando lei ha tirato fuori il cellulare dalla tasca e ha registrato un video.

«Che fai?» ho chiesto.

«Carico un video su TikTok» ha risposto, alzando le spalle.

E voi ora dovete fare uno sforzo e ricordare quando TikTok non era il social che è oggi. Era meno diffuso, meno popolare, meno conosciuto. Sembra strano a pensarci, ma fino a qualche anno fa non tutti sapevano di che si trattava.

Io sono rimasta a osservare la mia amica e mi sono ricordata di qualche tempo prima, quando avevo scaricato sul telefono musical.ly.

All'inizio ero abbastanza entusiasta, perché

l'idea di poter caricare i miei video mi piaceva molto. Non ricordo neppure cosa sia successo esattamente, ma dopo un periodo in cui mi ci ero dedicata, la moda era passata e avevo finito per aprirlo sempre più raramente, fino a ignorarlo del tutto. Me ne ero dimenticata. Poi musical.ly è scomparso, sostituito da TikTok, e io non me n'ero neppure accorta. Non avevo neppure scaricato la nuova app, per dire. Non ci pensavo più. Finché non ho visto Elena, appunto. "Che figata" ho pensato. "Potrei provare a caricare qualcosa anch'io."

Mi è bastato sbirciare la home page sul cellulare della mia amica perché mi si riaccendesse l'interesse, forse perché lì dentro c'era un mondo intero, c'erano migliaia – no, milioni! – di ragazzi – e non solo – che si sentivano liberi di mostrarsi, ballare, cantare, condividere ciò che sapevano fare meglio o semplicemente quello che li appassionava, senza vergognarsi o lasciarsi fermare da mille paranoie. Più scorrevo i video, più ne restavo colpita. Quando passeggiavo per le strade del mio paese con le mie amiche, di sabato pomeriggio, avevo sempre l'impressione di essere osservata e giudicata. I miei vestiti, quello che dicevo, le persone con cui uscivo: ero abituata a domandarmi sempre cosa avrebbero detto gli altri, a preoccuparmi di fare la scelta giusta. Al contrario, su TikTok essere un po' diversi dagli altri non sembrava affatto un problema. Potevi avere i capelli blu e suonare il pianoforte indossando un pigiama e andava bene ugualmente; mi sembrava una bellissima libertà. Ovviamente io tutto questo l'ho capito poco alla volta, ma probabilmente già da quel primo giorno avevo intuito qualcosa... perché ho subito scaricato l'app per aprire un mio profilo.

E ora vi dico una cosa. Per me caricare il primo video è stato facilissimo, persino più facile di quanto lo sia oggi, perché nessuno mi seguiva. A nessuno importava quel che facevo e questo rendeva tutto semplice.

Quindi è stata una decisione presa con leggerezza: registro, carico e posto. Così, solo per il piacere di farlo, per divertimento, senza riflettere affatto su quel che sarebbe potuto succedere, perché quel giorno io ero solo un breve video tra milioni di altri contenuti pazzeschi. Avevo la certezza assoluta che le cose non sarebbero cambiate e che nessuno si sarebbe interessato a me. Sarei rimasta la ragazza invisibile, quella a cui al massimo si ride alle spalle. Che cosa avevo da perdere?

A quei tempi non immaginavo che un giorno avrei avuto migliaia di persone pronte a seguirmi. Era una possibilità così remota che non mi ponevo proprio il problema. Di certo non ho scaricato TikTok per diventare influencer. Fare video non c'entrava nulla con quel che gli altri avrebbero potuto pensare di me, le motivazioni che mi muovevano erano tutte mie, personalissime. Avevano a che fare con la mia passione per la danza, principalmente, un amore che ho sempre coltivato, fin da piccola. Riguardava me, non quelli che avrebbero potuto vedere e apprezzare i miei contenuti.

Presto mi sono accorta che su TikTok c'erano tanti ragazzi dotati di talento incredibile, dei ballerini provetti. Mi ha incoraggiato molto: ero finita nel posto giusto!

Quindi mi ci sono messa. Al primo video se ne sono subito aggiunti altri.

Ho trovato un entusiasmo che neppure sapevo di avere. Mi divertivo, e credo che questo mio mood arrivasse oltre lo schermo, alle persone che per caso finivano sul mio profilo.

I video iniziali hanno funzionato e sono stati

visti da molte più persone di quante mi sarei mai aspettata. È stata una sorpresa, ma per me quel piccolo successo non aveva alcuna conseguenza. Volevo solo continuare divertirmi, tutto qui. Quindi ho caricato altri video. In fondo, i miei numeri restavano relativamente bassi – cioè, mi seguivano anche persone che non conoscevo, ed erano sempre di più, ma a me non cambiava nulla –, quindi perché preoccuparmi?

Sapevo bene che la visibilità è bella ma porta anche conseguenze indesiderate. Più persone ti guardano, più è probabile che ci sia qualcuno pronto a criticare, magari anche usando parole pesanti. La gente su Internet a volte dimentica che dall'altra parte dello schermo c'è una persona vera, con sentimenti reali, e si sente autorizzata a dire tutto ciò che le passa per la testa, come mai si permetterebbe di fare nella realtà. Benché i miei numeri crescessero, a me non stava accadendo nulla del genere; nessun messaggio antipatico, per fortuna. Quindi mi sentivo tranquilla, almeno per il momento. Pensavo: "Sì, a volte sui social possono accadere situazioni spiacevoli, ma non è il mio caso".

Quindi continuavo a divertirmi, perché TikTok era quello: divertimento. E se a qualcuno piaceva

La gente su Internet a volte dimentica che dall'altra parte dello schermo c'è una persona vera, con sentimenti reali...

vedermi ballare, tanto meglio. In fondo, l'idea di regalare pochi minuti di distrazione a qualcuno non è male, giusto?

Poi però sono arrivati i POV, ovvero i *Point of View*. Per chi non lo sapesse: si tratta di piccoli video in cui scegli di raccontare un punto di vista particolare su una vicenda. Scegli una situazione – per esempio: incontri un ex fidanzato; sei a una festa in cui non conosci nessuno; ricevi domande indiscrete; devi preparare una verifica per il giorno dopo… – e immagini la reazione che potresti avere, recitandola davanti alla telecamera. Era un tipo di video già abbastanza popolare negli Stati Uniti, che in Italia però si era visto ancora poco. A me è sembrato divertente, qualcosa di nuovo oltre la danza. Così ho cominciato a postare i primi POV. Forse era anche un modo per dire ad alta voce quello che pensavo, una libertà che non sempre mi prendo nella vita reale. Come vi dicevo, sono una persona piuttosto timida. Con il tempo ci ho lavorato su e sono migliorata, ma qualche anno fa ero il genere di ragazza che raramente alza la voce. Forse con quei brevi video mi stavo ritagliando lo spazio per dire ciò che avevo dentro, scherzandoci sopra.

Comunque, è stata un'esplosione di like e follower. Molti dei miei video sono diventati virali. C'erano ragazzi che finivano di vederne uno e subito ne chiedevano la continuazione. La volevano così tanto, da restare connessi sul mio profilo, in attesa che caricassi qualcosa di nuovo, per scoprire che cosa sarebbe accaduto dopo.

"Questa cosa non può durare" mi sono detta. "Si tratta solo di qualche video particolarmente riuscito".

A volte capita di postare un contenuto che suscita entusiasmo e si fa notare.

Invece i numeri hanno continuato a crescere. E io sono arrivata a un milione di follower, un numero che fino a qualche tempo prima non avrei neppure immaginato.

Poi è successa un'altra cosa che mi è sembrata incredibile. Sono nate le prime fanpage. Questo è accaduto nella primavera appena prima che Elena annunciasse il trasferimento, quindi abbiamo vissuto insieme quegli strani avvenimenti.

Mi ricordo che ne parlavo con lei, e che insieme guardavamo i miei video e le migliaia di like.

Devo precisare che alle mie amiche non importava molto avere un grande seguito sui social. Caricavano video, ma per divertirsi. Non tornavano sulla pagina per controllare se i like stessero crescendo… no, non erano quel genere di ragazze. E neppure io ci davo troppo peso, all'inizio.

Le cose sono cambiate quando ho capito una cosa importante: l'affetto delle persone che mi seguivano poteva essere un grande aiuto per vincere le mie insicurezze. È stata quella consapevolezza a trasformare TikTok in una parte importante della mia vita, in qualcosa a cui tenevo davvero.

Perché io ero di una timidezza pazzesca, tanto che, se ci penso oggi, faccio quasi fatica a descriverla. Per farvi capire, io mi vergognavo a entrare in un bar e ordinare una bottiglietta d'acqua. Se avevo qualcosa da dire, di solito la tenevo per me, e riuscivo a sbloccarmi solo quando ero con i miei amici, quelli che mi conoscevano davvero.

Invece sui social era tutto più facile. Tra me e il mondo c'era uno schermo a proteggermi, quindi lì riuscivo a tirare fuori una parte di me che nella vita reale restava nascosta, intimorita dai possibili giudizi delle persone. TikTok mi ha dimostrato che posso superare le mie paure e che c'è tanta gente che apprezza quello che faccio. Poco alla volta, i social mi hanno dato sicurezza in me e nelle mie capacità. Cominciavo a convincermi che sì, avevo qualcosa da dare al mondo.

Ricorderete che io non ero nel gruppo dei ragazzi più popolari del paese. Eppure, all'improvviso, avevo centinaia di migliaia di persone che invece sembravano considerarmi interessante e simpatica, e questo certamente mi stava aiutando a superare la mia cronica timidezza. Io non parlavo molto di TikTok a scuola. Per esempio, non me ne sono mai vantata. Non mi è mai capitato di dire, tra una chiacchiera e l'altra, che avevo migliaia di follower. Nulla del genere. Però, come era inevitabile, gli altri ragazzi l'hanno scoperto. In teoria, tutti questi importanti cambiamenti avrebbero potuto aiutarmi a far pace con il paese e i miei coetanei.

Be', le cose non sono andate così. Al contrario, la situazione è peggiorata.

Nell'esatto momento in cui ho cominciato ad avere seguito sui social, mi sono sentita più esclusa e – passatemi il termine – disprezzata che mai. Ragazzi che prima frequentavo si sono allontanati da me. Appena sono diventata popolare online, ho sperimentato la solitudine nel mondo reale.

All'inizio è stato strano. Se fosse successo qualche mese prima, probabilmente sarebbe stata davvero dura. Sarei crollata, mi sarei fatta prendere da mille dubbi. Magari avrei abbandonato TikTok, per paura di venire criticata o derisa.

Ma io ero diventata più forte, quindi non ho mai pensato che fossi io quella "sbagliata". Non ho lasciato che le risatine e gli sguardi ostili degli altri mi facessero dubitare di me, perché sapevo che stavo solo ballando e girando piccoli video. Non facevo nulla di male.

No, il problema non ero io. E i miei follower mi hanno aiutata a imprimermi quella certezza dentro, a crederci davvero.

Invece che soffrirne o restarci male sono andata avanti per la mia strada, senza mai abbassare lo sguardo, neppure davanti a chi si divertiva a pendermi in giro.

Non sono crollata neppure quando a scuola mi hanno chiamata "ridicola" davanti a tutti. E sapete cosa avevo fatto di male per meritarmi quelle parole? Banalmente, avevo ricevuto in regalo dei vestiti da un brand. Avevo accettato, li avevo indossati e avevo ringraziato in un video. Tutto qui. A volte per attirarsi l'antipatia degli altri basta davvero poco.

Quel mio "grazie" era stato visto come segno di arroganza, come se avessi voluto urlare al mondo che ricevevo regali. Come a dire: "Ehi, guardatemi! Mi spediscono pacchi di vestiti". Non era così. Se ricevi qualcosa e ti piace, se è in linea con il tuo gusto, non c'è nulla di male a mostrarlo. Si ringrazia e si comunica che è un regalo, per correttezza. Può piacere o no, ma è così che funziona sui social. Il mio punto di vista, però, non aveva importanza.

Così una mattina appena prima che iniziassero le lezioni, in classe, una compagna è venuta da me e mi ha rivolto parole pensate evidentemente per ferirmi. Inutile riportarle qui, il senso comunque era: "Chi ti credi di essere?". Ho respirato a fondo, mantenendo la calma. Eravamo a scuola, il posto sbagliato secondo me per mettersi a discutere o, peggio, a litigare. In classe c'erano altri nostri compagni, che ci guardavano incuriositi. Non mi andava di affrontare quella situazione davanti a tutti, allora sono uscita dall'aula, chiedendo alla ragazza di seguirmi, per parlarne tra di noi. Gli altri ci fissavano perplessi e un po' increduli. Sentivo le guance arrossate e avevo paura che mi tremasse la voce, ma ho tenuto duro. Arrivate in corridoio, l'ho guardata negli occhi e sono riuscita a tirare fuori il carattere. Non ho risposto all'insulto, mi sono dimostrata tranquilla e determinata. Non ho manifestato paura, né le ho fatto vedere che le sue parole mi avevano ferita. «Come ti permetti» ho detto semplicemente.

Io ci sono passata e voglio dirvelo: prima di giudicare ad alta voce chi non conoscete bene, fermatevi e domandatevi cosa c'è davvero dietro alle vostre parole. Volete ferire, offendere, far soffrire? Questo non vi renderà in alcun modo persone migliori. Potete avere ogni antipatia possibile, non siete assolutamente costretti ad apprezzare tutte le persone che incontrerete nella vita. Ma non avete comunque il diritto di ferire gli altri.

Non vi piace un compagno di classe? Cercatevi altri amici, ignoratelo, non guardate il suo profilo TikTok o Instagram. Il mondo è grande e vario, c'è posto per tutti. Non inquinatelo diffondendo offese e odio.

Quella compagna di classe non mi ha più detto nulla. Non in faccia, almeno. Avrà probabilmente commentato quel che facevo sui social senza che io lo sapessi, magari fomentando l'antipatia nei miei confronti, ma non ha importanza.

Io quel giorno sono uscita da scuola sentendomi orgogliosa di me. L'avevo affrontata. E di quello che gli altri bisbigliavano alle mie spalle, non mi importava più.

Il problema è che quando smetti di abbassare la testa può esserci chi sceglie di tormentarti ancora di più: vedendo che non hai più paura, rincara la dose per non lasciarti andare. I prepotenti hanno spesso questa caratteristica: odiano che si reagisca alle loro provocazioni, soprattutto se chi risponde lo fa in maniera pacata.

È quel che mi è successo una sera di primavera. Ero in giro con un'amica, stavamo facendo due passi chiacchierando per i fatti nostri, poco distante dalla gelateria del viale principale del paese. Ed è stato lì, per strada, che un gruppetto di ragazzi mi ha vista e riconosciuta. Erano in una decina ed evidentemente avevano voglia di divertirsi alle mie spalle.

«Chi ti credi di essere, non sei famosa» mi dicevano. Come se io fossi mai andata da loro a

vantarmi di essere diventata "qualcuno". Ragazzi, so perfettamente che avere un po' di seguito su TikTok non ti rende un eroe… No, non mi sentivo affatto famosa, né importante, né migliore o speciale. Nulla di tutto questo. Ma a loro non importava, di certo non avevano alcuna intenzione di ascoltare le mie ragioni e cercare di capirmi. Io ero solo qualcuno da intimorire per il proprio divertimento. Magari per vivacizzare una serata tranquilla, in cui non stava accadendo nulla di particolare.

Mi prendevano in giro per i miei video su TikTok, si avvicinavano sollevando i cellulari e chiedendo di poter scattare una foto insieme. In verità non gli importava nulla di farsi un selfie, si stavano prendendo gioco di me. Ammetto di essermi spaventata, perché era sera, eravamo due ragazze sole e loro erano in tanti. Ricordo di essermi guardata intorno, per controllare che ci fosse qualche passante. Ho incrociato lo sguardo della mia amica, che se ne stava leggermente in disparte, e ho capito che era spaventata. Allora ho cercato di farmi forza, mi sono imposta di non mostrarmi debole. Non è stato semplice, perché la situazione faceva davvero paura. A colpirmi davvero era l'atteggiamento dei ragazzi, a cui sembrava non importare nulla di me. Io non ero più una persona, ai loro occhi, ero solo qualcuno con cui prendersela.

Delle tante cattiverie che ho sentito, ne ricordo una in particolare.

«Vai, vattene a Milano» mi hanno detto.

Per loro quel "vattene a Milano" era un insulto, un modo per ribadire quanto poco appartenessi al loro gruppo. Ero solo un'aspirante tiktoker che non ce l'avrebbe mai fatta, ecco come mi vedevano. Una sfigata che si crede superiore agli altri.

Non potevano saperlo, ma poco dopo avrei ricevuto la notizia che tutta la burocrazia era stata sistemata – avendo io sedici anni non era banale organizzare la mia vita lontano da casa… – e che potevo entrare della Stardust House.

Quindi sì, sarei andata a Milano.

Me l'avevano gridato dietro come un insulto, credendo che per me sarebbe stato un obiettivo irraggiungibile, invece stava accadendo davvero.

Sentire le parole di quei ragazzi mi ha convinta definitivamente di star facendo la scelta giusta. Sarei andata, avrei fatto nuove esperienze, mi sarei messa in gioco in ogni modo possibile, continuando a fare quello che mi piace e mi diverte.

Quando sono riuscita a svincolarmi dal gruppo, mi sono allontanata, senza correre. Non ho pianto, come avrei fatto un tempo. Ero abbastanza forte per non dar loro quella soddisfazione.

Forse ascoltando questa storia vi sarete fatti l'idea che io sia stata una ragazza solitaria. Ebbene, non è affatto così. Non ho mai avuto un grosso gruppo di amici, ma quei pochi per me erano davvero importanti. C'era Carlotta, mia compagna di scuola, e Francesco, che ho conosciuto il primo giorno di superiori e siamo subito diventati inseparabili. Marco è il mio migliore amico, ha qualche anno più di me e già frequenta l'università. È tra le persone più intelligenti che io conosca, e mi ricorda sempre quanto sia importante impegnarsi nella vita. Poi c'è Maria, che frequentava una scuola superiore diversa dalla mia, ma riuscivamo comunque a vederci spessissimo. Con loro quattro, e con Elena, sono cresciuta. Abbiamo trascorso divertentissimi sabati sera e affrontato insieme i primi anni del liceo.

Curiosamente, a nessuno di loro importa nulla dei social. Che milioni di persone vedano i miei video per loro non fa alcuna differenza. Cioè, sono contenti per me, ma nulla di più. Abbiamo infiniti altri argomenti di cui chiacchierare, condividiamo vita ed esperienze che non finiscono caricate online. E io mi sento molto felice di avere vicino a me persone come Maria, Carlotta, Francesco e Marco, perché so di poter contare sempre su di loro, qualsiasi cosa accada.

Avere amici che ti conoscono da sempre, legami cominciati prima di avere tanti follower, è importante, perché poi tutto diventa un po' più complicato.

Come vi dicevo, quando i miei numeri online sono cresciuti, molti ragazzi hanno cominciato a evitarmi. Altri al contrario si sono interessati a me benché prima mi ignorassero, per attaccarmi. C'è anche un'altra categoria di persone: quelle che sono affascinate da ciò che mostri su TikTok e dal successo che stai ottenendo. E magari ti stanno accanto nella speranza di venire taggati in una Story o di ricevere un po' di visibilità.

Sì, avere successo sui social è bello, ma complica anche parecchio la vita (e la mia non era semplicissima neppure prima).

Quindi, quando sono partita verso la Stardust House ho anche provato un po' di sollievo.

Ovviamente non ho lasciato il mio paese definitivamente, perché lì ci sono ancora i miei amici e la mia famiglia. Ci torno, qualche volta. Capita ancora che io stia camminando per il centro e che qualche ragazzo mi riconosca e mi faccia qualche battuta sgradevole. Volete sapere la verità? Non importa più.

06
Una villa, una nuova famiglia, un'esperienza indimenticabile

Settembre, ottobre, novembre, dicembre 2020 e gennaio 2021: per circa cinque mesi sono rimasta nella casa.

Ricordo ancora la prima volta che sono entrata. Ero senza parole, mi sembrava un sogno. Era tutto troppo bello e perfetto, e ricordate che io vengo da un piccolo paese, una cittadina graziosa ma molto normale, in cui non avevo visto spesso ville di quel genere. E poi c'erano gli altri ragazzi.

Li conoscevo tutti, ma... solo sui social. Sapevo bene quanto fossero pieni di talento e di idee. Ho subito sentito che dovevo dimostrare di meritarmi l'occasione che mi era stata data.

Ritrovarsi con un gruppo di coetanei può non essere facile... più o meno è come affrontare il primo giorno di scuola: le insicurezze sono quasi le stesse.

Per fortuna tra gli influencer della casa c'era anche Brisida, che avevo avuto occasione di conoscere a un evento a cui avevamo partecipato entrambe, qualche tempo prima. Poter affrontare il mio inizio nella Stardust House con una faccia già nota non è stato affatto male... un po' come quando avevo Elena con me, alle superiori.

Insieme, io e lei abbiamo fatto il primo tour della Stardust House, una villa così bella e grande da lasciarti letteralmente senza fiato. Una grande cucina, due salotti, un ufficio, e poi tante camere da letto doppie, ciascuna con un colore differente. E poi c'era una piscina, tanta luce, un giardino e spazio per i video. Infine ci hanno mostrato le nostre nuove camere. Ho lasciato lì la mia valigia e mi sono sentita subito a casa.

Al mio ingresso nella House sono arrivata più forte di com'ero un anno prima. I social mi avevano aiutata a lavorare e controllare la mia timidezza, ma non mi ero certo trasformata in una ragazza spavalda. I miei primi pensieri sono stati: "Ecco, sicuramente gli altri già si conoscono, diventeranno tutti super amici in pochissimo tempo, invece io resterò esclusa!". Quindi sì, all'inizio temevo che avrei fatto fatica a legare con i miei compagni di avventura. Non si trattava di un timore senza senso: quella era stata la mia esperienza fino a quel momento (ricordate quando vi dicevo che a casa non ero tra le più popolari?).

E poi, io venivo da un paese piccolo, dove i ragazzi e le ragazze erano sempre stati gli stessi, negli anni, senza grandi cambiamenti. Tutti nati e cresciuti nello stesso posto.

Per la prima volta invece mi trovavo in un ambiente completamente nuovo e diverso. Ci sono arrivata con un po' di preoccupazioni, che fortunatamente si sono dimostrate infondate.

Legare con gli altri creator è stato semplice e naturale, ed è successo persino più rapidamente di quanto avrei immaginato. Credo che sia dipeso dal fatto che condividevamo tanto e che avevamo esperienze simili alle spalle: lo stupore per i follower che crescono, le reazioni delle persone che credevi di conoscere bene e che invece cambiano quando cominci ad avere successo sui social, qualche antipatia che non ti sai spiegare ma devi accettare, il momento in cui devi dire ai tuoi genitori che migliaia di persone guardano quello che fai ogni giorno… Ecco, davvero avevamo tutti un percorso simile alle spalle.

E poi, in verità, c'erano anche mille differenze, che ho scoperto essere altrettanto importanti rispetto a ciò che ci univa. Ho conosciuto ragazzi provenienti da altre realtà, magari con famiglie diverse dalla mia, cresciuti in luoghi che non assomigliavano per nulla a quello da cui provenivo. È stato bello, perché per la prima volta ho potuto confrontarmi davvero con il mondo che c'era fuori dal mio paese. In passato la mia famiglia mi ha permesso di viaggiare, quindi non ero certo una sprovveduta; ma legare con chi magari arriva da una grande città, viverci ogni giorno per mesi, è un'altra cosa.

Ho imparato molto da loro. Io ero abituata a confidarmi davvero con amici che conoscevo da

sempre, quelli che consideri “veri” perché ci sei cresciuta. L’amicizia richiede tempo, esperienze condivise: di solito non si diventa migliori amici in poche settimane.

Ma alla Stardust House le regole normali sembravano non valere più e, dopo pochi giorni, già avevamo cominciato a raccontarci le nostre vite, i nostri sogni e tutto quello che ci aveva portati lì, insieme. C’è stato fin da subito un grande scambio di pensieri, di storie, di confidenze.

Ascoltare che cosa hanno passato gli altri ragazzi, nel bene e nel male, è stato bello. Ho scoperto che molte esperienze che mi erano capitate, e che magari mi avevano fatto soffrire, erano comuni. Mi sono sentita capita e meno sola.

Nel mio paese avevo pochi amici, e a legarci era un affetto fortissimo, facevamo gruppo. Alla Stardust House ho imparato a dare fiducia alle persone, anche a quelle che avevo conosciuto da poco.

Ho capito che oltre al mio paese, con le sue tante regole non scritte, c’era un mondo intero. E ho capito che ciascuno ha una propria vita diversa e ogni unicità è preziosa.

Si può essere se stessi, è necessario farlo, anche se il mondo continuerà a giudicarti e a rivolgerti parole che possono fare male.

Della Stardust House ho adorato tutto, fin dal primo giorno. Ed è stato un bene, perché in verità quelle due settimane non erano affatto una prova. Cioè, io potevo prenderle così, ma alla House potevo starci, se avessi voluto. Menzionare una prova era stato un modo per non spaventarmi e convincermi ad accettare una proposta un po' folle. In effetti, per scrivere a qualcuno che non conosci una cosa tipo: "Ehi, che ne dici di trasferirti a centinaia di chilometri da casa con un gruppo di sconosciuti", ci vuole un bel po' di faccia tosta… comunque è stata una buona strategia, lo ammetto.

A me sono bastati meno di quindici giorni per capire che volevo restare. I miei genitori e il management della Stardust House sono riusciti a compilare tutte le carte che servivano – come vi ho detto, ero minorenne e non è banale organizzarsi per andare a vivere lontano dai miei… – e io sono rimasta alla House.

E, per farvi capire quanto mi trovassi bene, quando dovevo andare a casa mi spiaceva lasciare Brisida e gli altri ragazzi. E la mia è sempre stata

L'amicizia richiede tempo,
esperienze condivise:
di solito non si diventa
migliori amici
in poche settimane.

una famiglia unita, con una serie di piccole tradizioni che ci caratterizzano. Cioè, immaginare di saltare la nostra "cena della pizza", quella in cui papà si mette a impastare e tutti noi lo aiutiamo, mi sarebbe sembrato incredibile fino a poco tempo prima. E il legame non è forte solo con i miei genitori e mia sorella; mi sento legatissima anche a zii e cugini. Anche con loro ci sono tradizioni, come il Natale un po' pazzo: si apparecchia un'enorme tavolata dalla nonna e ciascuno porta qualcosa. Tra polli arrosto e tiramisù, ne viene fuori una cena imprevedibile e un po' strampalata. Quando il Covid e le sue quarantene hanno reso difficile, se non impossibile, continuare con queste tradizioni, è stato molto triste. Ve lo racconto per farvi capire quanto ci tengo alla mia famiglia.

Questo legame non si è indebolito quando mi sono trasferita alla Stardust House, ma per la prima volta in vita mia nel preparare la valigia per tornare a casa provavo una malinconia diversa. Cioè, ero felice di rivedere la mia famiglia, ma anche un po' triste di lasciare gli altri. In poco tempo i miei compagni di avventura erano diventati amici veri, quasi fratelli. Una cosa che mai avrei immaginato, prima di sperimentarla in prima persona...

07
Quelle paure che stanno nel cuore...

C'è un aspetto del mio carattere un po' particolare, che forse sui social non si vede, e che sa solo chi mi conosce bene: anche quando va tutto bene, anche quando una situazione sembra perfetta, mi restano dentro alcune paure. È più forte di me, non riesco a rilassarmi completamente e a godermi quel che sto vivendo.

Per farvi capire meglio, vi racconto di quando mamma e papà hanno organizzato una vacanza di quelle che ti capitano una volta nella vita, proprio da sogno, e fino all'ultimo io ho pensato di non andare: una settimana in crociera partendo da Abu Dhabi, con gite nel deserto e tappe su spiagge bianchissime. Chi non correrebbe a fare le valigie, entusiasta?

Be', io.

Non volevo proprio andare. La ragione? Per colpa del Titanic. Esatto, proprio il film in cui Rose e Jack si incontrano a bordo del transatlantico e s'innamorano, ma arriva l'iceberg a rovinare tutto, con quel finale tragico. Quello in cui stanno sulla punta della nave con il vento addosso (che quella scena, se ci penso, mi commuove ogni volta...). Avevo adorato il film e, al tempo stesso, ne ero rimasta traumatizzata. Il finale mi ha proprio sconvolta, e non importa quante volte io lo abbia rivisto, l'emozione è sempre la stessa e comincio a piangere, odiando il regista che non ha scritto un lieto fine. Cioè, quanto bisogna essere crudeli per decidere di far morire Jack?!

Quell'iceberg mi ossessiona, è diventata quasi una fobia che non riesco a controllare.

Così, quando mamma mi ha raccontato della vacanza che stavano organizzando, prima ho pensato "Wow", poi mi è tornata in mente Rose che stringe la mano ghiacciata di Jack.

«Mi spiace, non posso venire» ho detto.

Ora, prima che pensiate che io sia pazza, voglio precisare che so benissimo che il Titanic è affondato più di cento anni fa, nel 1912, quando la tecnologia era diversissima da quella di oggi. Non solo: la nave viaggiava da Belfast a New York, attraversando l'oceano Atlantico, mentre la crociera per cui la mia famiglia si sarebbe imbarcata avrebbe navigato mari di tutt'altro genere, molto più caldi. A Dubai si sono viste cose davvero incredibili (c'è anche una pista da sci al chiuso, per dire...), ma mai un iceberg. Non correvo alcun reale pericolo e ne ero perfettamente consapevole, ma non riuscivo a frenare il panico. Lo so, è strano, ma io sono fatta così.

«Mi spiace, non vengo» ho insistito. I miei hanno provato a convincermi, poi hanno capito che non potevano forzarmi. Alla fine era tutto già pronto perché restassi con la nonna, a casa. Vedendo il resto della famiglia fare le valigie e recuperare i costumi dall'armadio, però, si è risvegliato in me qualcosa.

Era il desiderio di fare nuove esperienze, una caratteristica che ho preso proprio da mamma.

Lei è irrefrenabile, curiosa, non riesce a stare mai ferma. Le piace uscire, a volte sembra che abbia il cuore di un'adolescente con la testa di un adulto. È sempre attiva, impegnata a pianificare. Difficilissimo che trascorra una domenica in casa a guardare la tv. Al contrario, è il genere di mamma che organizza pomeriggi al mare, passeggiate, gite nella natura. «Perché non andiamo...» è una delle sue frasi più tipiche.

Fin da quando ero bambina mi ha fatto viaggiare. Siamo stati a Parigi, in Turchia, in Grecia, in Austria, in Spagna, solo per citare qualche meta.

Papà all'inizio non era un grande viaggiatore, apprezzava anche il divano e la tranquillità di una domenica a casa, poi con gli anni è cambiato.

Quella vocina dentro che finisce per urlare "Vai! Non avere paura di nulla, vai!" mi ha convinta.

Ho sfogliato la guida turistica che mamma aveva comprato e poi sono andata da lei. «Parto con voi» ho detto d'un fiato, prima di cambiare idea.

C'era ancora l'iceberg, nella mia testa, ma c'era anche la voglia di esplorare nuovi luoghi, insieme alla mia famiglia, e questa era più grande e forte. Ho ripensato a ogni vacanza fatta. Qualsiasi viaggio fa un po' paura, prima di lasciare casa: ti troverai in posti sconosciuti, circondata da persone che non parlano la tua lingua. È tutto nuovo, dal cibo alle usanze. A volte ti senti anche un po' persa. Però nella mia vita ogni viaggio è stato indimenticabile, ne è sempre valsa la pena.

Vi ho raccontato questo aneddoto perché quella stessa paura mi ha accompagnata all'ingresso della House. Se ne stava lì insieme allo stupore e alla felicità, in un angolo della mia testa. Si è fatta sempre più piccola mentre i giorni passavano e io legavo con gli altri ragazzi, abituandomi a quella nuova vita, ma non è mai sparita del tutto. E va bene così, perché è normale non sentirsi invincibili e dubitare di sé, a volte. Ci sta soprattutto se ti esponi sui social, dove tutti mostrano sempre la parte più luminosa della propria vita ed è facile fermarsi, guardarsi allo specchio e vedersi meno bravi, meno brillanti, meno speciali degli altri. Allora non c'è niente di strano nell'avere un po' di incertezze.

Ho imparato a gestirla, a tenerla con me ma a non permetterle di rovinare quello che sto vivendo. Ho capito che è giusto rispettarla, ma anche lasciare spazio a quell'altra caratteristica, cioè la voglia di fare, che ho preso da mia madre. L'ho sempre vista annoiarsi facilmente, che detto così sembra una cosa poco bella, ma in verità è stata una grande spinta a uscire di casa. In fondo, mamma non ama troppo la vita di paese. Io la vedrei meglio vivere in una grande città, qualche volta. Io mi sono riconosciuta molto in lei quando mi hanno proposto di trasferirmi vicino a Milano, alla Stardust House. Chissà, forse mamma ha accettato che io partissi anche per quello…

Comunque, c'è una frase che mi ha sempre detto: ogni lasciata è persa. È un incoraggiamento a cogliere ogni opportunità, con coraggio.

E la Stardust House era senza ombra di dubbio una grande, grandissima opportunità. Non so se a vedere i nostri video si capisce bene, ma la House non è solo un luogo che mette insieme creator. È anche un'accademia dove ci si prepara, si studia, si migliora. Noi ragazzi abbiamo potuto seguire corsi di recitazione, di ballo (esatto: la mia passione!) e di canto. È un'altra grande lezione che ho imparato: puoi essere la persona più talentuosa del mondo, ma senza preparazione e impegno non andrai lontano. La creatività va coltivata. Alla House ho potuto farlo, con dei professionisti.

E se pensate che lì ci si diverta e basta, che non ci siano regole o che si possa fare tutto ciò che si desidera... be', vi sbagliate di grosso.

Fin da subito la questione è stata messa in chiaro: chi è nell'Academy ha parecchi impegni da affrontare. Primo tra tutti, ovviamente, la scuola.

Io l'ho sempre presa molto sul serio. Persino troppo, forse (ma si può prendere troppo sul serio la scuola?! No, non credo). Le volte in cui mi è capitato di prendere un brutto voto, ero io che mi arrabbiavo tantissimo con me stessa, rimproverandomi di non aver raggiunto l'obiettivo che mi ero fissata, di non essere stata all'altezza delle aspettative, di aver fallito. Dico "brutto voto", ma magari era solo un po' sotto quello che mi aspettavo. Eppure per me si è sempre trattato di una piccola tragedia, capace di farmi passare il buon umore. E in quei casi è sempre stata mamma a dirmi di non focalizzarmi sul voto sul registro, perché quel che conta è imparare, migliorare, capire. Prendere un voto brutto può accadere a chiunque, l'importante è impegnarsi per rimediare e sapere quel che i professori richiedono da te, alla fine. Significa solo che c'è un argomento che non hai capito bene e su cui devi fermarti a ripassare meglio, ma non ti qualifica come persona. Mamma me l'ha ripetuto tante volte e ha ragione, ma io su questo fronte devo ancora lavorare un po', temo...

Per qualcuno la vita scolastica è più facile. Ho amiche che studiano spinte dalla preoccupazione delle punizioni che potrebbero ricevere per un'insufficienza. Capisco le loro ragioni, chi mai vorrebbe trascorrere il sabato sera chiuso in casa?

Ma la motivazione secondo me è sbagliata: ci si dimentica che studiamo per noi stessi, non per le possibili punizioni o i rimproveri dei nostri genitori. Io sono sempre andata bene a scuola, ci tengo tanto.

E ora posso parlarvi di un'altra paura che ho, legata proprio alla scuola: quella di non farcela a fare tutto.

Diciamolo chiaramente: essere un influencer non è esattamente un lavoro, soprattutto se sei giovane e hai aperto un profilo TikTok per divertimento o per passione. Eppure, allo stesso tempo, per certi aspetti un po' lo è (e perdonatemi se mi contraddico da sola...).

Hai tanti impegni da rispettare, e sono seri esattamente come quelli che capitano ai vostri genitori, quando lavorano. Ci sono scadenze, riunioni da fare, bisogna tenere un'agenda sempre aggiornata e non dimenticarsi di nulla. E poi ci sono loro, i follower; quelli che danno un senso a tutto ciò che fai. Ed è importante creare sempre contenuti nuovi per loro, perché è il modo per ricambiare l'affetto e il supporto che ti danno.

Quando vedete pochi minuti di TikTok sembra tutto semplice e naturale, e alle volte è proprio così. Però non sempre. I video vanno pensati, studiati, provati. È divertente, e se lo faccio è prima di tutto per questo, perché mi piace. Ma richiede tempo. Poi non nego che altre volte è tutto facile e alcuni video riescono perfettamente, senza sforzo... ma non va sempre tutto liscio. Ci sono giorni in cui sei più ispirata e giorni in cui lo sei meno. In quest'ultimo caso, semplicemente devi impegnarti un po' di più. Ecco perché per puntare ad avere successo sui social serve passione. Senza, sarebbe difficilissimo resistere nel tempo e affrontare anche i giorni "no". E poi serve tempo per pensare, farsi venire idee nuove. La creatività non si accende a comando. Vivere con altri creator è sicuramente di grande aiuto, perché hai sempre qualcuno intorno a te pronto e disponibile ad ascoltare le tue idee, darti un'opinione o un consiglio. A volte poter condividere un pensiero con un amico che ti capisce davvero fa la differenza. Anche se la Stardust House rende tutto più semplice, la vita dell'influencer è comunque fitta di impegni.

Di tempo libero ce n'è poco, e bisogna impegnarsi per riuscire a fare ogni cosa. E nel frattempo devi comunque ancora finire la scuola, e conciliare lo studio con tutto il resto non è facile.

Oggi ho meno tempo rispetto a prima per prepararmi. Molti giorni mi capita di aprire i libri nel tardo pomeriggio o di sera. Per fortuna nella villa c'era una grande stanza con enormi tavoli dove poter sparpagliare appunti e quaderni. E se avevo bisogno di silenzio, potevo sempre chiudermi in camera…

Soprattutto i primi tempi ho faticato un po' ad abituarmi alla nuova vita, ma alla fine ho trovato il mio personale rimedio alla paura di non farcela: ci metto tanto impegno e molta determinazione. Per fortuna, su questo fronte ho due ottimi modelli da seguire…

Sì, perché i miei genitori sono grandi lavoratori. Papà si sveglia all'alba e torna a casa alle otto di sera, e non l'ho mai sentito lamentarsi. Mamma ha sempre lavorato e solo la malattia l'ha fermata, costringendola a rallentare. Ma appena i medici le hanno dato il permesso, ha ripreso a darsi da fare.

So che hanno iniziato da giovanissimi e nei miei ricordi loro sono sempre così: impegnatissimi e felici di esserlo. Quando ero piccola mamma tornava dal lavoro prima di cena, e io pranzavo dalla nonna. Non mi è mai pesato, per me era la normalità. Crescendo ho capito che quello la rendeva felice, e il suo esempio è stato un bell'insegnamento.

Oggi io studio per questo, per essere come i miei genitori. I social possono diventare un lavoro, magari per tutta la vita, ma non è detto. Infinite cose possono accadere, io crescerò, diventerò una persona diversa, magari con altri interessi. Il mondo stesso potrebbe cambiare. Al futuro ci penso, e su quello non voglio avere alcuna paura. Preferisco arrivare preparata, qualsiasi cosa accada. Per me è importante avere un diploma, uno sbocco nel mondo del lavoro, una possibile professione anche fuori dai social. E intanto approfitto di tutte le opportunità che mi dà la Stardust House: studio musica, danza, recitazione. Cerco di tenermi aperta ogni strada possibile.

Come mi ha insegnato mia madre, essere indipendenti economicamente è fondamentale. Se penso a me tra molti anni, non posso immaginarmi senza lavoro, ma quella è una strada che si costruisce passo dopo passo, fin da oggi.

Quindi la prima regola della House, quella per cui "bisogna andare bene a scuola", per me era giustissima. Come dicevo, ho sempre preso sul serio lo studio, ma trasferendomi lontano da casa avevo aggiunto una complicazione in più. Non avrei più potuto frequentare il liceo dove ero iscritta, a Rovigo.

Mamma e papà mi hanno sostenuta nella scelta. Insieme abbiamo trovato un nuovo liceo linguistico, a Milano. Le cose non sono andate bene come speravo, purtroppo. Tra le quarantene, la DAD e le complicazioni del Covid, non mi sono trovata molto bene. Non ho legato con i nuovi compagni, e di nuovo stavo vivendo le stesse difficoltà che mi avevano reso la vita difficile in paese.

Temevo di venire bloccata da quella stessa maledizione di un tempo, quella che mi aveva sempre reso difficile farmi nuovi amici. E poi, a peggiorare le cose, c'era la fatica vera di arrivare ogni giorno in classe, perché il liceo era a Milano, ma la villa era in provincia, a parecchi chilometri di distanza. E ogni giorno dovevo svegliarmi prestissimo per arrivarci, praticamente all'alba.

Ne ho parlato con i miei genitori e con il management e insieme abbiamo cercato un'altra soluzione, che ha reso tutto più semplice. Mi sono iscritta in un nuovo istituto, molto più vicino.

Lì ho finalmente conosciuto nuovi compagni di classe con cui sto bene. Ho trovato nuovi amici, che non mi giudicano per quello che faccio.

Tutta quella faccenda, il cambio di tre scuole, mi ha insegnato che se c'è un problema bisogna soprattutto parlarne con le persone di cui ti fidi ed essere pronta a prendere decisioni anche difficili.

Giusto per concludere, nel caso ve lo steste chiedendo. A Dubai ci sono andata ed è stato bellissimo, uno dei viaggi indimenticabili della mia vita, grazie al quale ho potuto esplorare un nuovo mondo e vedere luoghi, persone, culture diversissime da quelle che conoscevo io. E poi è stata la nostra ultima grande vacanza prima del Covid, un dettaglio che la rende ancora più unica e speciale… Non potevo immaginare quel che sarebbe accaduto, al momento della partenza. Ma dopo, quando ci siamo ritrovati chiusi in casa per mesi e la vita sembrava essersi fermata a causa della pandemia, ho ripensato tante volte a quei giorni di libertà.

Abbiamo visitato molti posti, siamo saliti sul tetto del grattacielo più alto del mondo, abbiamo cenato nel deserto e guidato quad sulla sabbia e fatto spese nel centro commerciale più grande del mondo (che è davvero enorme, fidatevi) e cavalcato in sella a un cammello. Navigavamo di notte e ogni mattina ci svegliavamo in un luogo diverso. Il ricordo più bello, comunque, siamo noi: io, mamma e papà, uniti e in sintonia, con una sincera voglia di stare insieme.

E no, non abbiamo avvistato nessun iceberg. Ovviamente. E le mie paure si sono sciolte così, proprio come ghiaccio al sole...

Mi ricordo la prima volta che ci siamo conosciute, io e te. Mi ha subito colpito il tuo modo di fare, educato e rispettoso. Sei una ragazza seria, lo si capisce dal primo sguardo. E questa è una qualità che apprezziamo molto, alla Stardust, perché per diventare influencer serve davvero tanto impegno.

Molti ragazzi sognano il successo sui social senza sapere esattamente quanta fatica comporti. Spesso si vedono solo i lati positivi di questa vita. Però io ho intuito che tu avevi la stoffa giusta, e me l'hai dimostrato in infiniti modi durante il percorso che abbiamo condiviso.

Ti ho vista crescere professionalmente e raggiungere obiettivi su obiettivi. Tante volte ci hai ringraziato, ma non dimenticare mai che i traguardi li hai raggiunti con le tue forze.

Alice

08
Sisters

C'è stato un momento in particolare in cui, entrata nella Stardust House, ho pensato "Wow" e mi sono sentita proprio nel posto in cui avrei sognato di essere. Preparatevi a restare un po' sorpresi, perché non indovinerete mai di che si tratta: è stato quando ho scoperto la piscina.

So che suona un po' assurdo: cioè, una piscina in casa.

Eppure nella villa c'è davvero. È grande e al

coperto, così ci si può nuotare sempre. E giuro che quella sensazione di felicità non derivava dal fatto di sentirsi un po' una star, come i tiktoker che vivono a Los Angeles o come i protagonisti di quei film americani in cui ricchi e bellissimi adolescenti prendono il sole in costume da bagno... No, il lusso non c'entrava nulla. Quella piscina mi ricordava un bel po' di cose che per me sono importantissime, fondamentali, in un modo molto personale.

Tra queste, prima di tutto c'è... l'acqua!

Vi ho già accennato alla mia passione per la danza, ma non vi ho detto nulla di un'altra cosa che davvero mi rende felice: il mare.

Per me la spiaggia significa stare bene, dimenticare qualsiasi problema, respirare, chiudere gli occhi e cominciare a sognare.

Il paese in cui sono nata e cresciuta non è lontano dalla costa, e tante volte io ed Elena abbiamo preso l'autobus e raggiunto la spiaggia. Camminare a piedi nudi sulla sabbia mi aiuta tantissimo a mettere ordine tra i pensieri e a sentirmi in pace con me stessa. Del mare mi piace tutto: il profumo di acqua salata, quel celeste all'orizzonte, il senso di infinita libertà che si respira, il fatto di non doversi preoccupare mai troppo dei vestiti, perché il costume va già benissimo.

Durante l'anno le mie giornate sono sempre abbastanza regolari, scandite dagli impegni e, da quando i social sono diventati una parte importante della mia vita, questa cosa si è accentuata ancora di più. Quando hai molte cose da fare è importante avere tutto sotto controllo e non lasciare nulla al caso. Poi, però, non appena inizia l'estate tutto cambia. Posso cenare alle dieci o restare sveglia fino all'alba, perché non c'è più nulla di impossibile o vietato. Riconquisto la libertà, ed è bellissimo.

Le vacanze più belle della mia vita sono state al mare. In Spagna, per esempio. Ho ricordi pazzeschi di Formentera, con le sue casette bianche e le stradine sterrate, e i paesi che la sera si animavano. Abbiamo fatto incredibili gite in barca, alla ricerca delle calette più nascoste, un viaggio che sicuramente vorrei replicare, prima o poi.

Adoro nuotare, adoro quella sensazione di leggerezza che provi in acqua, e poi sentire il sole

Adoro nuotare,
adoro quella sensazione
di leggerezza che provi
in acqua, e poi sentire
il sole sulla pelle
quando esci.

sulla pelle quando esci. Quindi sì, quando ho scoperto di avere una piscina a disposizione ero entusiasta. E ho subito chiamato la persona che poteva capirmi meglio di chiunque altro. Mia sorella!

Sara ha dieci anni più di me, ma siamo legatissime.

È sempre stata al mio fianco, nei momenti belli e in quelli brutti. Quando mamma non stava bene, per esempio, ci siamo fatte forza a vicenda. Certe mie paure riuscivo di confidarle solo a lei, perché non volevo parlarne con mamma e papà. Non volevo farli preoccupare, e loro avevano già tanti pensieri per la testa. Allora io e mia sorella ci chiudevamo in camera per lunghe, lunghissime chiacchierate.

Ma Sara è stata una super sorella anche in situazioni meno gravi. Come vi dicevo, io alla scuola ho sempre tenuto parecchio, e quando mi capitava di prendere un voto peggiore di quello che mi aspettavo, mi disperavo. E allora arrivava lei, Sara, a raccontarmi qualche buffo episodio della sua vita scolastica... era pronta anche a esagerare qualche suo insuccesso in classe, pur di farmi tornare il sorriso. E ogni volta che mi vedeva triste, per la scuola o per qualsiasi altra ragione, veniva da me e con un semplice: «Andiamo», mi convinceva a vestirmi, uscire di casa e reagire. Cinema, bowling, un hamburger: lei conosce sempre i modi migliori per distrarmi e riportarmi il buon umore.

Forse proprio perché siamo così legate, Sara mi ha trasmesso la sua grande passione: le immersioni.

Ha studiato, preso i brevetti, fatto tante escursioni per accumulare esperienza. Non è una disciplina in cui si può improvvisare, davvero. Ricordo che la vedevo prepararsi per uscire, con la muta e tutta l'attrezzatura, e mi sembrava uno sport pazzesco. Cioè, davvero puoi esplorare quel che c'è sotto la superficie del mare?!

Finché Sara non ha notato che comparivo ogni volta che si preparava. «Perché non provi anche tu» mi ha detto. E io l'ho fatto: ho preso il primo brevetto, seguendo il suo esempio, e ho subito capito che era lo sport giusto per me, perché mi permetteva di vivere il mare in un modo nuovo.

È stata un'esperienza bella da condividere, con le mattinate del sabato o della domenica trascorse insieme. E quando ho capito che stava diventando un impegno eccessivo, decidere di mollare non è stato facile. C'era già la scuola, e la ginnastica, e gli amici.

«Non puoi fare tutto» mi ha detto mamma. Aveva ragione. Nella settimana c'erano solo sette giorni, e io non avrei potuto farci nulla.

«Consideralo un arrivederci» ha detto Sara, per tirarmi su di morale. «Appena arriverà il momento giusto, potrai riprendere le immersioni.»

È vero. E io so che un giorno tornerò a indossare la muta e a tuffarmi, perché vi assicuro che sott'acqua si provano emozioni incredibili. Anche dopo aver rinunciato, comunque il mare è rimasto il mio elemento. La passione per lo sport, invece, non se ne è mai andata. E l'ho portata con me nella Stardust House.

Nella villa si fa tanto sport. Non è obbligatorio, ma l'attività fisica è incoraggiata. Aiuta a scaricare la tensione accumulata nella giornata e permette di ritagliarsi del tempo per sé, perché quando corri o sollevi pesi sei solo con la tua fatica e puoi lasciar correre i pensieri. Vi assicuro che dopo la mattinata a scuola, i video del pomeriggio, gli incontri, le riunioni e gli impegni vari, poter andare in palestra (senza neppure dover uscire di casa!) è fantastico. Ho iniziato ad allenarmi con regolarità, e non è stato difficile, perché io sono sempre stata una ragazza abbastanza sportiva. Fin da piccolissima ho praticato ginnastica e danza. Credo di essere abbastanza portata – e quella è fortuna, ci nasci... –, ma in generale mi è sempre piaciuto il mondo dello sport. Mi piace la regola di base, quella che vale per ogni disciplina: per raggiungere un obiettivo, devi impegnarti. Lo sport ti mette davvero davanti a te stesso, ti permette di misurare la tua forza di volontà. C'è sempre questa domanda: quanto desidero farcela? A me piace la sensazione di poter superare i miei limiti, che mi ha sempre accompagnata ogni volta che entro in palestra.

All'inizio non ero abituata ad averne una vera e super attrezzata sempre a disposizione. Ho iniziato a frequentarla con costanza vedendo i ragazzi. E poi mi sono lanciata verso nuove discipline, diversissime dalla mia amata danza, ma altrettanto divertenti. Oggi mi alleno con la boxe, che non avevo mai provato prima. E poi c'è sempre lei, la piscina. Averla a disposizione è davvero un sogno, per me. Mi ricorda Sara, le vacanze, l'estate, la nostra collezione di conchiglie, le serate in Spagna e le notti con Elena. E mi dà un sacco di forza, quando la stanchezza si fa sentire.

Aurora!!!

Credo che la cosa più bella che una sorella maggiore possa fare è... essere la sorella maggiore senza fartelo pesare troppo. Senza mai mettersi sul piedistallo, provare a insegnarti le cose solo perché ci sono già passata o sentirsi superiori. È quello che ho sempre cercato di fare: starti vicino senza far pesare gli anni che ci separano. Mai.

Certo, quando sei arrivata in famiglia mi sembravi davvero minuscola, quasi un bambolotto. E quella sensazione è rimasta per un bel po', ovviamente. Crescevamo entrambe, ma io vedevo soprattutto te cambiare, costringendo noi tutti a starti dietro. Ero io a volerti più di tutti: sognavo una sorella, l'avrò chiesto a mamma e a papà un milione di volte. Poi sei arrivata davvero e hai scompigliato il mio mondo, riscritto le regole della famiglia, attirando tutta l'attenzione su di te... Non ricordo esattamente quando, ma so che c'è stato un momento in cui ho capito che io e te avevamo davvero qualcosa di indissolubile a legarci, qualcosa di potente.

Mi facevi ridere, eri una buona compagnia, ti fidavi di me in una maniera che mi faceva sentire importante.

E poi sei cresciuta ancora, e sei diventata un'amica. Dici che io ti ho aiutata in molti momenti difficili, ma non sai quanto tu hai aiutato me, a partire da quella lezione ormai lontanissima nel tempo, quella che hai dato a me, papà e mamma con il tuo arrivo: ci hai insegnato a non avere paura dei cambiamenti, perché tutto può essere rivoluzionato. Per timore delle novità rischiamo di restare bloccati, ed è un grave errore. L'equilibrio è davvero forte quando cambia, muta, si evolve.

Ma questo tu hai dimostrato di saperlo bene, meglio di noi altri in famiglia.

E quindi grazie, sorellina.

Sara

09
Nuova vita

«E quindi, com'è la vita nella villa?»

Me lo chiedevano ogni volta mamma e Sara. Papà mi telefonava tutti i giorni, sempre con quella domanda: «Che fate, come si vive?».

Be', era tutto piuttosto normale.

D'accordo, forse *normale* non è l'aggettivo giusto per descrivere un'enorme villa con piscina in cui vivono un gruppo di giovanissimi influencer con milioni di follower, eppure per me era così.

Ci si svegliava al mattino, facevamo colazione insieme. Per fortuna avevamo tanti bagni, così ciascuno di noi poteva prendersi il tempo necessario per prepararsi con calma. Ammetto che noi ragazze avevamo la tendenza a stare davanti al grande specchio per parecchio tempo, ma io personalmente non riesco proprio ad accelerare i ritmi, appena sveglia.

Una volta vestiti e preparati, la giornata poteva cominciare.

Nel mio primo periodo alla House eravamo abbastanza liberi. C'erano poche regole a scandire le nostre vite, poche costrizioni. Non che ce ne fosse bisogno, in verità, perché ciascuno di noi sapeva esattamente perché si trovava lì e cosa bisognava fare. Non era scontato che andasse così. In fondo, eravamo un gruppo di ragazzi lontani da casa…

Pensavamo ai video, soprattutto. Ciascuno lavorava ai propri contenuti, ma collaborare ci veniva molto naturale.

Questa è una cosa che ho apprezzato tantissimo: quando mancava qualche idea o si finiva nella situazione abbastanza antipatica di avere in testa uno spunto ma non sapere come andare avanti (vi assicuro che succede…), bastava scambiare due chiacchiere tra di noi e subito si ritrovava la soluzione giusta. Sempre.

E l'entusiasmo è contagioso, così molti video nati in origine per mostrare una sola persona, poi vedevano comparire anche altri ragazzi, perché se a pochi metri c'è un amico impegnato in un video divertente è difficilissimo trattenersi dal comparire alle sue spalle e dare il tuo contributo.

Questo occupava una buona parte del nostro tempo, ma non tutto! Cioè, social a parte, restava la vita reale, tra di noi. E ovviamente non stavamo sempre chiusi in casa!

Certo, la villa era stupenda e aveva un bel po' di spazi – compreso un giardino enorme – ma restare fermi nello stesso posto non è una buona strategia per inventare cose nuove. Allora si usciva tutti insieme. Qualche volta andavamo in "America", una zona strana, non troppo lontano dalla villa, dove c'erano solo verde e natura. Nessuna casa, nessun palazzo, una situazione un po' nella mia zona, in Veneto. Ecco perché l'abbiamo ribattezzata "America", perché ci ricordava le ambientazioni di alcuni film. Be', lì abbiamo girato dei video pazzeschi.

Altre volte chi aveva già la patente ci portava

Social a parte, restava
la vita reale, tra di noi.
E ovviamente non stavamo
sempre chiusi in casa!

in macchina in qualche centro commerciale della zona, per distrarci un po' e vedere qualcosa di nuovo. Non ho mai avuto una passione sfrenata per lo shopping, ma passeggiare tra i negozi mi ricordava che fuori, oltre il cancello della villa, c'era ancora il mondo reale, quello di prima.

E poi, ovviamente, c'era la scuola. All'inizio io ero ancora in DAD, quindi in classe non ci andavo fisicamente. Il Covid aveva costretto le scuole a tenere gli studenti a casa. Però non seguivo le lezioni da sola, come avrei fatto se fossi rimasta con i miei, perché dividevo la camera con Brisida. Quindi ci svegliavamo insieme e ci connettevamo con le nostre classi online. E ora vi confesso una cosa: il nostro obiettivo era continuare a dormire fino all'ultimo momento possibile, e quando i professori iniziavano a spiegare noi eravamo ancora a letto, in pigiama... cercavamo di non farlo vedere, però! La cosa bella è che io e Brisida frequentavamo stessa scuola in due classi diverse, lei in quinta e io in quarta. Questo rendeva più facile capirci, e anche aiutarci nello studio. Poter condividere con lei la scuola ha reso quell'esperienza molto più leggera di quanto sarebbe stata se l'avessi affrontata da sola. Molti ragazzi si sono ritrovati a casa, soli, ed è stato difficile e pesante. Con Brisida non sono mancate le risate, le chiacchiere, i momenti leggeri. Prendere sul serio la scuola è più facile, se hai al tuo fianco un'amica.

Quella tra me, Brisida e gli altri ragazzi e ragazze della House è stata una grande amicizia, e credo si sia capito, guardando i nostri video.

Della nostra vita avete visto molto ma non tutto. In completa onestà, io trascorro tantissimo tempo davanti allo schermo del cellulare, ma ci sono momenti che mi piace vivere solo nella realtà. Non condivido ogni istante delle mie giornate, perché è bello anche godersi l'attimo senza preoccuparsi di registrare e postare.

Per esempio quando io, Brisida e le ragazze ci trovavamo in salotto di notte a raccontarci storie di paura. E i ragazzi hanno visto in quelle nostre serate un'opportunità da non perdere per farsi due risate alle nostre spalle. Così mentre noi sedevamo in cerchio nella penombra, loro di nascosto spegnevano e accendevano le luci, senza farsi scoprire, terrorizzandoci. E se ora pensate che fossimo un po' ingenue o credulone, dovete immaginare che reazione avreste voi, in una grande villa in mezzo al nulla. Sì, lo ammetto, ci

Non condivido ogni istante
delle mie giornate,
perché è bello anche godersi
l'attimo senza preoccuparsi
di registrare e postare.

sono stati alcuni momenti in cui ho sinceramente pensato di dover affrontare un fantasma!

Tutto è quindi iniziato con uno scherzo, ma poi l'argomento "fantasmi" ha cominciato ad affascinarci per davvero. Caso vuole che io e Brisida abbiamo scoperto che nel paese in cui si trova la villa circolino da sempre alcune leggende. Abbiamo fatto un po' di ricerca e siamo andate in esplorazione, tra chiese e cimiteri... Ci sembrava di avere un mondo intero da scoprire. Come quando l'autista della villa ci ha raccontato di una casa sul cui tetto era cresciuto un albero.

Un albero. Non è assurdo?

Quindi una sera io e Brisida abbiamo deciso di uscire per cercarlo. Perché di sera?, vi starete chiedendo.

Be', eravamo affascinate dalle vecchie leggende che parlavano di fantasmi, e poter camminare per le stradine illuminate solo dalla luna ci sembrava una buona idea. Ecco, quella notte non abbiamo registrato video. Il telefono l'abbiamo usato solo per farci luce!

Fantasmi a parte, la nostra vita era simile a quella di tutti i ragazzi. Avevamo Dome che si prendeva cura di noi, e Tatino che cucinava.

Durante i pasti si scherzava molto, era un momento di relax, anche perché avevamo concluso gli impegni dello studio mattutino e potevamo pensare ai video. È una situazione che ti fa sentire indipendente, quindi a me veniva proprio naturale fare tutte quelle cose che magari a casa trascuravo, perché sapevo che ci avrebbero pensato i miei.

Come quella volta che io e Brisida abbiamo provato a cucinare del pollo, perché è bello avere qualcuno che porta in tavola pranzi e cene, ma è giusto anche cominciare a darsi da fare. Ci siamo anche impegnate tantissimo, ma è stato comunque un disastro. Per fortuna gli altri l'hanno buttata sul ridere, poi Dome è intervenuto per sistemare la cena. Credo che quel nostro tentativo fallimentare abbia scoraggiato gli altri.

Se per il pollo crudo nessuno se l'è presa, devo ammettere che qualche volta scoppiavano piccole incomprensioni tra di noi. Insomma, sì, eravamo molto uniti ma capitava di litigare.

Penso che sia assolutamente naturale, soprattutto in una situazione come quella della Stardust House, con tanti ragazzi che vivono insieme, giorno e notte. Ma si è sempre trattato di piccole cose, un piatto sporco abbandonato in salotto, un carica batterie preso in prestito e non restituito… questioni di questo genere.

L'unico momento in cui mi sono arrabbiata davvero è stato quello del furto delle merendine. Io e Brisida tenevamo qualche snack in camera, nascosto sotto il letto. I timori che ci avevano spinte a prendere quella piccola precauzione si sono rivelati fondati.

I ragazzi sono entrati in camera nostra mentre noi eravamo in giardino a registrare e hanno fatto razzia. Noi ci siamo procurate un altro pacco di merendine, ma dopo qualche giorno è scomparso di nuovo.

Decise a non arrenderci, abbiamo nascosto il cibo nei luoghi più strani: sopra l'armadio, tra i vestiti, insieme ai libri di scuola, persino in bagno. Niente, ogni volta loro riuscivano a trovarlo. Alla fine sono esplosa: ho affrontato i ragazzi, scoppiando a piangere insieme a Brisida.

Lo so che forse suona come una reazione un po' esagerata, ma vi assicuro che quella faccenda ci stava davvero stressando. Era una questione di principio, è brutto sapere che qualcuno fruga tra le tue cose mentre non ci sei… Dopo qualche: «Era solo uno scherzo», alla fine i ragazzi hanno capito.

Ecco, la storia delle merendine vi dà un'idea dei problemi che disturbavano la quiete della casa. Nulla di troppo grave, mai.

Quindi a ogni: «Com'è la vita nella casa», di mia mamma potevo sempre rispondere: «Bella, bellissima».

E quella domanda me la sentivo fare spessissimo, perché chiamavo la mia famiglia tutti i giorni, anche più volte al giorno. Nonostante fossi felicissima di essere alla Stardust, all'inizio soffrivo di malinconia. Mi mancava casa e la distanza mi pesava. Tornavo in Veneto ogni weekend, per rivedere gli amici di sempre, mia sorella, i miei genitori.

Ho capito che puoi essere felicissima di qualcosa e anche un po' triste allo stesso tempo, perché ogni cosa bella ha un costo.

Giorno dopo giorno ho imparato a sentire come "casa" anche la villa. E i ragazzi sono diventati una seconda famiglia, per me.

E poi ho capito che stare lì era la scelta migliore, perché stavo imparando tantissimo. Sulle inquadrature, le luci e infinite altre cose. E ho capito che sui social la semplicità vince, e non è mai una buona idea cercare di sembrare una persona diversa da quello che sei. Ovviamente nessuno racconta proprio tutto su TikTok, ma si tratta di selezionare alcuni momenti, non di mentire sulla tua vita. Le persone che ti seguono vedono in te quasi un'amica, e non è giusto sembrare lontana, inarrivabile.

Non cercate di assomigliare ad altri. Trasmettete sempre energia positiva.

La strategia di non avere strategie ha funzionato. I miei follower hanno cominciato ad aumentare. E a dicembre ancora di più, numeri sempre più alti. Che cosa è accaduto ve lo racconto subito...

10 Cambiare idea

Mettiamo subito in chiaro una cosa.

A me Mura stava antipatico.

Non mi sembrava di avere nulla in comune con lui e poi, da timida, ho una sorta di incontrollabile sospetto per i ragazzi troppo disinvolti e sicuri di sé. Diciamo che ho sempre preferito la dolcezza all'arroganza…

E poi ero partita per la Stardust House con una certezza: non fidanzarmi. Stavo perfettamente anche da sola, e l'idea di lasciarmi coinvolgere in una storia non mi piaceva per nulla. Forse pensavo che un eventuale amore mi avrebbe distratta da quel che andavo a fare, impedendomi di godermi al massimo la casa, le lezioni, le nuove amicizie che si sarebbero create. Volevo concentrarmi sull'esperienza che andavo a fare, e i ragazzi rischiavano di diventare una distrazione...

Sono arrivata nella casa decisa a non fidanzarmi, ma a stringere legami di amicizia con tutti. Tra tutti c'era comunque anche lui, Mura.

"Va bene, gli darò un'opportunità" ho pensato.

Alla fine, se ero entrata nella casa era anche per merito suo... e poi la mia antipatia non sembrava essere per nulla ricambiata. Ovvio, direte voi. Se gli fossi stata antipatica non mi avrebbe scritto.

È vero, ma lui con me era davvero gentile.

Veniva spesso in camera mia per chiacchierare. Parlavamo delle giornate appena trascorse, delle nostre città di provenienza, degli amici che vedevamo meno, delle nostre famiglie. E, sera dopo sera, gli argomenti sono diventati sempre più personali: i nostri sogni, il futuro, il bello e il brutto di avere tante persone che ti seguono...

Be', era chiaro che tra noi c'era simpatia. Solo che per me era solo quello, amicizia. Per lui, no. Una sera me l'ha detto: «Mi piaci».

Io sono stata subito chiara. «Non ricambio i tuoi sentimenti, mi spiace».

Se vivi ventiquattro ore su ventiquattro con qualcuno, condividendo così tanto, non puoi mentire.

Quel momento, però, non ha cambiato troppo le cose. Mura ha accettato il mio "no", ma ha continuato a esserci per me, con infinite piccole attenzioni e gentilezze: mi faceva compagnia finché non mi addormentavo, mi portava una coperta quando stavo sul divano e faceva fresco, la mattina si sedeva accanto a me per fare colazione, rispettando i miei silenzi. Mi ha sempre aiutata, in ogni occasione. Non ero innamorata, ma lui per me stava diventando una persona sempre più importante.

Poi ho festeggiato i miei diciassette anni con i miei nuovi amici, ed è stato bello ed emozionante, perché abbiamo aspettato insieme la mezzanotte ascoltando la musica, dopo aver preparato una cena speciale. Lo staff della House aveva fatto arrivare una torta apposta per me, e io ho sentito l'enorme affetto di tutti.

Se vivi ventiquattro ore
su ventiquattro con qualcuno,
condividendo così tanto,
non puoi mentire.

Per me era già una notte magica, ma poi è successo qualcosa che l'ha resa ancora più speciale.

Ero salita in camera e stavo tornando giù dagli altri, quando sulle scale ho incrociato Mura.

Si è avvicinato, ci siamo guardati negli occhi e mi ha baciata.

Per la prima volta l'ho visto… in modo diverso. Ho notato la sua dolcezza, la sensibilità, la sua incredibile capacità di farmi ridere.

Quel bacio non era ancora abbastanza per farmi cambiare idea, però.

Ero indecisa, capivo che si stava creando un legame ma non me la sentivo di impegnarmi.

A farmi decidere è stato altro, non il bacio dato alla mezzanotte del mio compleanno… se mi sono innamorata è stato per una pistola ad acqua.

Esatto, avete letto bene.

Eravamo in giardino, un pomeriggio. I video del giorno erano già stati tutti girati, quindi ci stavamo concedendo un momento di relax, quando Mura all'improvviso recupera da non so dove una grande pistola ad acqua e comincia a spararmi addosso. Io prima ho urlato, poi sono balzata in piedi e sono fuggita. Correvo per il giardino e lui mi seguiva, ridendo. A quel punto ridevo anche io, come non mi succedeva da tempo.

È stato quel pomeriggio a cambiare le cose, perché mi ha dimostrato che lui rendeva la mia vita alla villa migliore. Era la persona con cui potevo parlare, sempre, che mi faceva ridere ed emozionare.

Il 29 dicembre 2020, due mesi dopo il primo bacio, me l'ha chiesto. Ed è stato abbastanza assurdo...

Tutto è iniziato in macchina. Stavo tornando dal Veneto quando Andre – che è una persona del management incaricata di accompagnarci ai nostri vari impegni, che spesso sono a Milano – ha annunciato che avremmo fatto una sosta.

«C'è una collaborazione con un negozio» ha detto, senza aggiungere dettagli. Poi si è fermato in una gioielleria. Io sono entrata e la commessa mi ha dato una busta.

"Bah" ho pensato. Mi è sembrato molto strano, ma non ho commentato.

Poi Andre mi ha fatto risalire in auto e si è fermato in un negozio di giocattoli. Sono entrata senza sapere bene che fare, e un'altra commessa mi è venuta incontro porgendomi due enormi sacchetti pieni. Non si capiva bene cosa ci fosse dentro, ma io ero così stranita che quello per me era l'ultimo dei problemi. Stava per succedere qualcosa.

La conferma l'ho avuta tornando alla House. Andre non ha voluto spiegare nulla ed è rimasto zitto per tutto il viaggio, ma quando sono arrivata mi ha fatto bendare.

«Okay» ho detto.

Mi hanno fatto camminare per la House, fino alle scale. "Stiamo andando al primo piano" ho pensato. Così ho cominciato a salire, scalino dopo scalino. Quando mi hanno tolto la benda che mi copriva gli occhi, ho scoperto di essere davanti a una finestra affacciata sul giardino. Sotto di me una distesa bianca, perché era dicembre e aveva nevicato. E a terra, scritto con petali di rose rosse, un'enorme frase: "Vuoi metterti con me?".

Mi sono voltata e c'era lui, Mura.

Sì, a quel punto ho capito di essere innamorata.

Non era più qualcosa che potevo negare a me stessa, perché il sentimento era diventato più forte di qualsiasi mia perplessità.

In quel momento tutta la giornata ha acquisito un significato differente e ho finalmente capito cosa era successo. Non c'era alcuna collaborazione in vista. Nella prima busta ho trovato un anello di fidanzamento, nella seconda tantissimi regali per me, tra cui un peluche di alpaca, il mio animale preferito.

Quel giorno è stato tra i più belli che ho vissuto nella casa. Poi ne sono seguiti molti altri, perché Mura ha reso tutto speciale, anche le occasioni più semplici e banali, come guardare un film sul divano, scherzare sulla scuola, passeggiare per le strade attorno alla villa.

Con Mura ho dovuto rimettere in discussione molte mie idee preconcette. Pensavo sarebbe stato inaffidabile e poco serio, ma mi sbagliavo. Credevo che mi cercasse per il piacere di dire: «Ce l'ho fatta», e invece teneva davvero a me. Immaginavo che si sarebbe stancato presto, invece non è accaduto nulla del genere.

11

Ogni cosa bella finisce o cambia

Ogni cosa bella finisce, prima o poi. O comunque cambia e non è più la stessa, non è più quella che conoscevi prima. Finisce per appartenerti meno, perché anche tu sei cambiata, proprio grazie alle esperienze vissute. Dopo quattro mesi nella Stardust House avevamo imparato tutto quel che potevamo, ed era tempo di fare ancora un passo avanti. Vivere insieme era stato fantastico, ma sapevamo che non era una situazione definitiva, destinata a durare per sempre. Qualcuno di noi ha scelto di tornare a casa o di andare a vivere da solo, altri ragazzi sono arrivati, con le loro valigie e la testa piena di sogni. Io sarei potuta restare, ma non sarebbe mai più stata la Stardust House che avevo conosciuto, con le persone che erano diventate una seconda famiglia.

Ci ho pensato a lungo e ho capito che era arrivato il momento di andare avanti.

Non si può vivere aggrappati
a quel che è stato,
bisogna restare aperti
alle nuove esperienze.

Con grande malinconia ne ho parlato con mamma e papà, che si sono detti prontissimi a sostenere qualsiasi scelta avessi fatto.

Quando si tratta di piccole cose io sono sempre abbastanza decisa. Ma in situazioni più importanti ho davvero bisogno di tempo. Ne ho parlato con Sara, con i manager della Stardust, con gli altri ragazzi. E ne ho parlato con Mura, ovviamente, che faceva sempre più parte della mia vita. Qualunque scelta avessi fatto, avrei condizionato anche lui. Di una cosa comunque ero certa: non volevo mettere troppa distanza tra noi. Ero sicura della forza del nostro legame, ma sapevo che vivere a centinaia di chilometri di distanza sarebbe stato troppo faticoso. In qualche modo stavo perdendo un gruppo di incredibili amici (okay, non li stavo perdendo per sempre, ma non avrei più vissuto con loro, giorno e notte...) e non mi sentivo pronta a rinunciare anche a lui.

Mi pareva che non esistesse una via per avere tutto. Restare alla villa? Tornare a casa dai miei genitori?

Alla fine la soluzione me l'hanno proposta i manager della Stardust.

«Possiamo trovare una casa per te e Mura, vicino alla villa» hanno detto.

E io ho capito immediatamente che era la scelta giusta.

Mamma e papà erano d'accordo, perché nei mesi precedenti avevo già dimostrato di meritare la loro fiducia. E poi ci sarebbe sempre stato lo staff della House a seguirci e ad aiutarci.

Io, che non volevo neppure fidanzarmi, mi sono ritrovata a diciott'anni a convivere con il mio ragazzo.

E se vi state domandando com'è, ve lo posso dire in una sola parola: bello.

Qualche volta discutiamo per piccole questioni quotidiane, per il disordine, per chi deve lavare le tazze della colazione, ma non è mai nulla di davvero importante. È una grande lezione che ho imparato dai miei genitori.

Bisogna distinguere ciò che conta davvero e fare l'impossibile per proteggerlo. Tutto il resto sono solo piccole cose...

Abbiamo trovato un nostro equilibrio molto facilmente: Mura cucina, poi puliamo e teniamo in ordine insieme. Io sto cercando di imparare a cavarmela ai fornelli, ma temo ci vorrà ancora un po' di tempo...

Vivere da soli significa ritrovarsi in tantissime situazioni completamente nuove. Prima non sai bene cosa ti aspetterà, perché c'erano sempre mamma e papà a occuparsi di tutto. E anche alla villa avevamo Tata e Tempesta... Dopo essermi trasferita nella casa nuova, ho scoperto il grande lavoro che c'è da fare: le lavatrici (e sì, ho dovuto imparare a non fare danni, perché non puoi lavare tutto insieme!), il bagno da pulire, la spesa…

Vivere da soli è bellissimo, anche perché io non sono davvero sola. È impegnativo, ma credo che mi sia capitata una grande opportunità. Quando ho un dubbio, di qualsiasi tipo, chiedo a mamma e papà. Sto sicuramente imparando molto. E forse la cosa più importante è questa: tutto è possibile!

12

Ed eccoci alla fine

Perché proprio io?

È una domanda che mi pongo spesso. Perché io, tra tutte le ragazze simpatiche, interessanti, piene di talento. Cosa ho fatto io per meritarmi quel che ho oggi?

E pensare che a volte mi sento un disastro, che ci sono giorni in cui mi pare di avere un carattere del tutto sbagliato. Che un tempo ero la ragazza super timida, considerata un po' "sfigata".

La mia vita era assolutamente normale: scuola, compiti, famiglia.

Non ho mai avuto tanti amici, ci sono stati momenti in cui mi sono sentita poco apprezzata. Sui social, invece, le cose erano diverse. Lì ho avuto l'impressione di essere capita davvero. Ho ricevuto tanto, tantissimo affetto, e questo mi emoziona tuttora. Mi ha aiutata a essere più sicura di me stessa.

Forse dovrei sentirmi leggermente intimidita all'idea di avere milioni di persone che mi seguono, guardano quello che faccio, ascoltano quello che dico. Forse, ma non accade.

Perché io so che i miei follower riescono a capirmi, o almeno ci provano. Non esiste giusto o sbagliato, io sono così. E se tutto è cambiato è anche merito vostro, di voi che mi seguite.

Quel che mi è successo negli ultimi anni mi rende orgogliosa. Mi ha dato l'opportunità di conoscere persone eccezionali, di crescere e maturare, di innamorarmi e anche di imparare a fare quello che potrebbe diventare un vero lavoro.

Molte cose sono cambiate, in pochissimo tempo: dal Veneto, alla villa, alla casa con Mura. In alcune occasioni ho faticato ad accettare il cambiamento, ma so comunque di aver trovato amici che ci saranno per sempre, qualunque cosa accada.

Per raggiungere un obiettivo,
bisogna rischiare, osare,
mettersi in gioco,
non temere il fallimento.

Tutto questo, comunque, l'ho raggiunto grazie a voi. Ve ne sarò per sempre grata, e non riuscirò mai abbastanza a dirvi quanto siete importanti per me.

Pubblicato per

MONDADORI
ELECTA

da Mondadori Libri S.p.A.

Progetto grafico: Studio Noesis
Fotografie: Nicola Cordì

ISBN 978-88-918-3518-5
Prima edizione: maggio 2022
Seconda edizione: giugno 2022

Questo volume è stato stampato presso
Elcograf S.p.A, via Mondadori 15, Verona

Stampato in Italia – Printed in Italy